宏大叙事取向的高等教育发展研究

李　晶◎著

中国社会科学出版社

图书在版编目(CIP)数据

宏大叙事取向的高等教育发展研究 / 李晶著. —北京：中国社会科学出版社，2020.5

ISBN 978-7-5203-6048-7

Ⅰ.①宏… Ⅱ.①李… Ⅲ.①高等教育—发展—研究—中国
Ⅳ.①G649.21

中国版本图书馆 CIP 数据核字(2020)第 033592 号

出 版 人 赵剑英
责任编辑 冯春凤
责任校对 张爱华
责任印制 张雪娇

出 版 中国社会科学出版社
社 址 北京鼓楼西大街甲 158 号
邮 编 100720
网 址 http://www.csspw.cn
发 行 部 010-84083685
门 市 部 010-84029450
经 销 新华书店及其他书店

印 刷 北京君升印刷有限公司
装 订 廊坊市广阳区广增装订厂
版 次 2020 年 5 月第 1 版
印 次 2020 年 5 月第 1 次印刷

开 本 710×1000 1/16
印 张 13
插 页 2
字 数 204 千字
定 价 79.00 元

目 录

第一章 绪 论

法国经济学家弗朗索瓦·佩鲁（Francois Perroux）曾在《新发展观》的序言中指出，“对整个发展问题的看法同时就是理解现实和时代的钥匙。”高等教育发展研究是对高等教育发展现实和未来问题的根本看法，经系统化、抽象化之后形成旨在高度认识和把握高等教育发展变化规律的知识体系，不同研究取向的高等教育发展研究同时就是理解高等教育发展的不同钥匙。比如有学者认为，“高等教育发展研究，主要研究高等教育发展与国家、社会发展的关系，以及在这一关系框架下的高等教育自身发展问题”，这是高等教育发展研究的宏大叙事取向。所谓宏大叙事，就是“任何一个时代都存在某些占主导地位的叙事”，并且是一种整体性的叙事。一方面，这种以高等教育发展与国家、社会发展关系作为对象的研究一直占据高等教育发展研究的主流；另一方面，“发展理论——发展理念——发展战略”[①]“本土化模式——依附发展——自主发展”[②] “发展理论——发展实践——发展保障”[③] 这些高等教育发展研究的分析框架体现出整体性的逻辑。

当前，我国高等教育改革步入深水区，高等教育研究特别强调服务于国家高等教育发展战略规划需要，尤其是在以“双一流”政策推动建设世界高等教育强国的宏愿下，在探索建立高等教育发展的中

① 卢晓中：《现代高等教育发展论纲》，广东教育出版社 2005 年版，第 14 页。

② 袁本涛：《发展教育论》，江苏教育出版社 2005 年版，第 167 页。

③ 房剑森：《高等教育发展的理论与中国的实践》，复旦大学出版社 1999 年版，第 5—6 页。

国模式中，高等教育发展研究的宏大叙事取向仍然具有合理性和现实价值。因此，坚持发展研究的宏大叙事取向，通过建构高等教育发展研究的分析框架，探讨发展理论如何影响高等教育发展政策和实践是本研究的一项重要任务。

一 研究缘起

第一，来自高等教育发展学科建设的反思。19 世纪 70 年代以来，众多学科相继从哲学母体中分化，诞生了今天我们耳熟能详的各个学科领域，它们有着各自的研究论域和知识体系。不过，“在‘学术、政策、政治’的战略下，众多学科纷纷把理论应用于实践领域。而且，将学术主张转化成相应的政策无疑是它们的第一任务”①。也就是说，作为有着专门研究领域并已形成相应知识体系的众多学科开始将学术研究的成果应用到实践层面，特别是为政策服务成为了学术研究的重要目的；另外，国内宏大叙事取向的发展研究一般有两大视角，一种是从发展理论层次开展的研究，包括发展本质论、发展价值论、发展代价论等；另一种从发展实践层次开展的研究，包括发展战略、发展政策、发展模式、发展规划等。高等教育发展研究也大多遵循两大研究路径。当然也有学者首次融合两种路径，提出了“发展理论——发展理念——发展战略”分析框架，不过此类研究仍需多多益善。本研究是在顺应社会学科发展趋势的基础上，通过建构宏大叙事取向的高等教育发展研究分析框架，尝试探讨发展理论对高等教育政策的影响。

第二，来自高等教育研究价值的反思。一般而言，教育研究的价值在于构建特定的知识理论体系、指导并解决教育实践中存在的问题。然而教育学的学科地位一直因教育研究的价值没能得到妥善的实现而备受质疑，高等教育学作为教育学二级学科的地位甚为堪忧。比

① ［英］彼得·华莱士：《发展理论导论》，李小云等译，社会科学文献出版社 2008 年版，第 112 页。

如钱钟书先生在《围城》中有关教育系的描述一直让教育学者耿耿于怀，还有不少其他学科的学者质疑高等教育学的学科价值，认为当前的高等教育研究既没有对中国高等教育实践提供必要指导，也没有为政府高等教育发展规划提供有价值的服务，并称之为“高等教育研究的社会困境”。他以教育部成立教育规划与战略研究中心的合作对象非师范大学教育研究机构，而是综合性大学的经济、公共管理的院系和学科为例，认为是政府部门对教育研究机构和高等教育研究机构不满的表现。① 尽管这些论说有些言过其实，但也在一定程度上反映了高等教育研究的尴尬境地。因此，本研究探寻发展理论对高等教育政策的影响，在一定程度上为“理论指导实践”正名，为高等教育学正名，即高等教育研究为制定高等教育决策提供了有价值的解释或预测，为解决高等教育实践中出现的问题提供了必要的指导。

第三，来自高等教育发展实践的反思。笔者曾参与两所院校的发展规划研制工作。尤其是其中一所学校的创建论证规划，反反复复围绕国家相关的高等教育政策做了较多细致深入的研究。而且在课题组的多次研讨中也不断折射出当代发展理论、理念，发展理论究竟对发展实践起到多大的作用？如何起作用？围绕这些问题，高等教育政策呼之欲出，由于我们对它的反复思量、斟酌以及不可回避，高等教育政策成为了发展理论与高等教育发展实践的桥梁。究竟发展理论如何影响高等教育政策的制定？这一系列的思考和问题正是本研究需要回答和解决的。

二　基本概念、分析框架与逻辑体系

（一）基本概念

1. *发展理论、发展理念、发展价值*

发展理论也被称为发展研究。《社会科学百科全书》释义“发展研究”为：“这是一个跨学科的学科组，研究的对象集中于分析和解

① 叶赋桂：《高等教育研究的前景》，《中国人民大学教育学刊》2011 年第 6 期。

决发展问题，特别是人们所说的贫困的发展中国家所面临的那些困难。以这种方式组合在一起的这类学科包括经济学、地理学、政治科学、公共管理、社会学和人类学等；而且越来越多的技术学科也渐渐地加入进来”[①]。从这一解释可知，发展理论既是一个综合性的跨学科研究领域，又是一组学科群。发展理论通常有广义和狭义两种理解，广义的发展理论是研究全球范围的经济发展和社会发展的一般规律。狭义的发展理论是专门研究发展中国家如何从不发达进入发达行列的研究。本研究采取第一种理解，并且认为发展理论的核心部分就是对发展本质的认识，这种认识并不是一种客观的现象描述，而是以发展价值目标作为发展的尺度，可称之为对发展的各种价值设计或预设，所以发展理论包括对发展的种种价值设计和预设。相应的，高等教育发展理论是专门研究高等教育发展的一般规律，关于高等教育发展本质的认识是它的核心部分，这种认识同样会受到某些价值观念的影响。发展理论与高等教育发展理论存在着包含与被包含的关系，高等教育发展理论是发展理论的组成部分，高等教育发展理论受到发展理论的影响和制约。

发展理念是主体在认识发展本质和规律的基础上，表达主体改造客体的目标期待和价值诉求以及改造客体实践操作方式的观念体系。[②] 从发展理念的释义来看，本文对发展理论的理解涵盖了发展理念。发展价值，就是发展作为客体对作为主体的人的需要的满足，只有发展满足了主体的各种需要，才有发展价值之说。发展理论（理念）涉及了主体对客体的目标期待和价值诉求，因此发展价值是从发展理论（理念）衍生出来的。

2. 高等教育政策与高等教育发展政策

政策、教育政策、高等教育政策之间是上位与下位概念的关系，所以在理解高等教育政策之前首先要明确什么是政策以及教育政策。《辞海》中对政策的释义如下：“国家、政党为实现一定历史时期的

① 庞正元：《当代中国科学发展观》，中共中央党校出版社 2004 年版，第 4 页。
② 卢晓中：《现代高等教育发展论纲》，广东教育出版社 2005 年版，第 69 页。

任务和目标而规定的行动依据和准则”，这种理解倾向于静态的认识。由此出发，教育政策就是国家、政党为实现一定历史时期的教育任务和目标而规定的行动依据和准则。比如叶澜教授就认为“政府或政党制定有关教育的方针和政策，主要是某一历史时期国家的总任务、总方针、总政策在教育领域内的具体体现”①。这种观点实际上强调教育政策与一般政策的联系，即教育政策是公共政策的组成部分。通过对国内外各类教育政策定义的考察，本研究认为孙绵涛教授对教育政策的定义最为全面，即“教育政策是一种有目的、有组织的动态发展过程，是政党、政府等政治实体在一定历史时期，为了实现一定的教育目标和任务而协调教育内外关系所规定的行动依据和准则”②。

高等教育政策也是一种有目的、有组织的动态发展过程，是政党、政府等政治实体在一定历史时期，为实现一定高等教育目标而协调高等教育内外关系所规定的行动依据和准则，包括高等教育的法律、法规和各类决定等。沿用这个定义的逻辑，高等教育发展政策是政党、政府等政治实体在一定历史时期，为实现一定高等教育发展目标而协调高等教育内外关系所规定的行动依据和准则。很显然，高等教育政策包含了高等教育发展政策。不过，由于高等教育发展是高等教育最为重要的主题，高等教育政策总是与高等教育发展联系在一起，所以高等教育发展政策几乎等同于高等教育政策。

（二）分析框架

宏大叙事取向发展研究的构建主要是通过揭示发展理论的逻辑结构以形成整体性的发展研究分析框架。逻辑结构是指发展研究所涉及到的研究问题以及这些研究问题之间的关系。本文通过进一步揭示发展理论的逻辑结构来阐释发展理论各部分之间的逻辑关系，从而推演出发展理论是如何影响发展政策的。

---

① 叶澜：《教育概论》，人民教育出版社 1991 年版，第 148 页。

② 孙绵涛：《教育政策学》，武汉工业大学出版社 1997 年版，第 8 页。

1. 发展研究的分析框架

目前已有学者对发展理论的逻辑结构作出了初步划分，比如卢晓中教授认为发展理论涉及发展理念和发展战略两大部分，发展理念是发展主体对发展理论的一种主观态度，是由发展理论衍生而来的。发展战略是发展理论走向实践的一种表现形式。袁本涛教授以现代化理论、依附理论、世界体系理论等经典现代化理论解释了发展中国家教育发展模式的演进：本土化模式——依附发展——自主发展，形成了“发展理论——发展模式”的研究分析框架。房剑森教授将高等教育发展的逻辑结构归结为“发展理论——发展实践——发展保障”三个部分，在发展理论部分就高等教育发展观、发展模式、增长方式、发展的动因分别深入研究。发展实践部分选择了规模、结构、质量、效益四个主题进行了探讨。制度创新则是高等教育发展的保障。白玫博士认为高等教育发展研究涉及高等教育发展的本体论、高等教育发展的价值论、高等教育发展的实践论，从“本体——价值——实践”这个框架考察了高等教育发展的主体、本质、动力、创价、代价以及跨越式发展、现行发展与适度发展等问题。

毫无疑问，以上对发展理论逻辑结构的认识对理解发展理论以及考察高等教育发展理论提供了有益的视角，其实这些划分的实质都是对“本体论”和“实践论”的细分，然而在理论如何影响政策上却没有深入考察。为了理清发展理论是如何影响发展政策，本研究对发展理论的逻辑结构进行重构，拟用下图展示。根据图 1－1 所示，发展理论主要包括发展是什么（发展本质观）和如何发展（发展策略）。

“发展是什么”实际上是由发展的价值目标所决定，“发展是主体对客体的凝聚着功利的、伦理的、审美的动态价值增值关系，是客体世界的合目的性运动”[①]。也就是说，发展本质上是一个实现价值增值的过程，即作为发展主体的人实现发展价值目标的过程，主要包

① 丁立群：《发展：在哲学人类学的视野内》，黑龙江教育出版社 1995 年版，第 27 页。

括了功利的、伦理的、审美等价值目标的实现。价值一般被认为是客体属性对于主体需求的满足，即客体对于主体的效用。判断发展与否的根本标志是发展所带来的效用是否符合发展主体的需求，所以发展并不是一种客观事实的描述，而是一个价值判断。这就是说发展的衡量标尺是由人（发展主体）的价值观所决定，持有什么样的发展价值目标决定了如何理解发展。不同国家的发展主体在不同的历史时期有关发展的价值目标是不同的，符合价值标准的变化过程才被称作发展，这也就是为什么会出现不同发展观的直接原因。“发展是什么”直接决定“如何发展”，如果以经济价值作为发展的主导目标，那么发展就等同于经济发展，更进一步以数量价值作为经济发展的体现，增加经济产值成为了发展的基本途径。“如何发展”由政府部门制度化、规则化，获得一定指导性、强制性之后形成了发展政策。不同的发展政策根本上的区别就在于对发展内涵上的理解不同，涉及发展本质观的不同，最终可归结到发展价值目标的不同。政策学一般把政策理解为对公共价值或利益的分配和选择，从这个意义来说，发展政策其实就是对发展价值的选择。

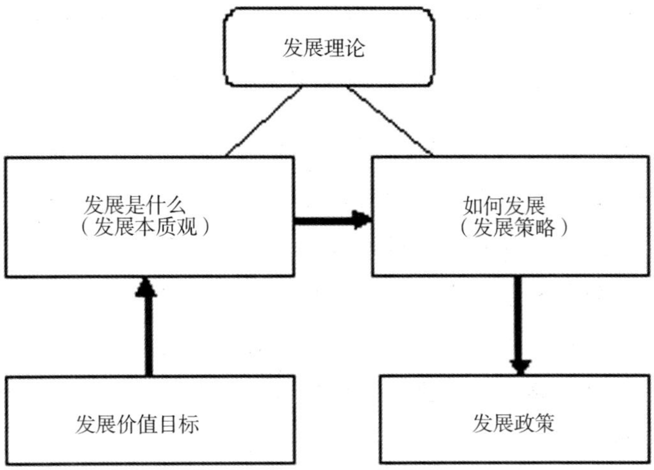

图 1－1 发展理论的逻辑结构

综上所述，发展理论的核心部分就是对发展本质的认识，这种认识并不是一种客观的现象描述，而是以发展价值目标作为发展的内在尺度，可称之为对发展的各种价值设计或预设，发展政策正是基于发展本质的认识对发展方式所做出的选择，归根结底是对一种或多种发展价值的选择，所以发展价值是发展理论对发展政策产生影响的要素，这将在第四章深入讨论。

2. 高等教育发展研究的分析框架

发展理论的逻辑结构明确了发展理论是如何影响发展政策，即发展价值是影响发展政策的要素，由此确立了“发展理论——发展价值——发展政策”的发展研究分析框架。同样，这一基础性的作用关系依然适用于高等教育发展研究，只不过对高等教育来说，发展理论的影响更为复杂，因为不仅仅高等教育发展理论，还有其他学科的发展理论，比如发展经济学的理论也会对高等教育政策产生影响。如图 1－2 所示。

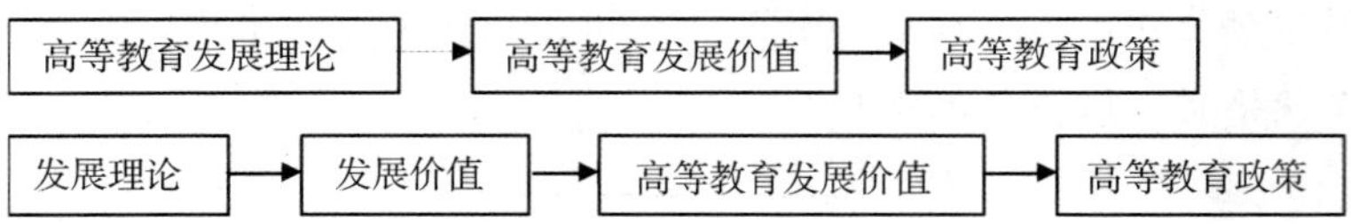

图 1－2　发展理论影响高等教育政策示意图

第一幅图是发展理论的分析框架在高等教育发展领域的延伸。第二幅图是其他学科的发展理论对高等教育政策产生影响的路线。在社会发展一定时期，某种发展理论所设计的发展价值能够为人们带来符合该时期实际的利益，尤其是成为社会发展的主导价值，其必然会影响高等教育发展价值，从而对高等教育政策产生影响。比如在 20 世纪五六十年代，新古典主义发展理论盛行，它们认为，经济发展等同于社会发展，经济数量上的增长是发展的全部内容，受社会发展主导价值的影响，高等教育发展也被理解为数量指标上的增长，数量主义成为高等教育发展的价值标准，反映在高等教育政策上，不断扩大高等教育的规模是发展高等教育的主要道路。七八十年代以后，各种发展理论走上发展舞台，发展的公平、效率、质量成为了发展价值的新主题词，高等教育公平、高等教育效率、高等教育质量也是高等教育发展新的价值追求，对高等教育政策的走向提供了更多新选择。总之，高等教育发展价值是发展理论影响高等教育政策的要素。

（三）逻辑体系

本研究坚持宏大叙事的高等教育发展研究，通过构建“发展理论——发展价值——发展政策”的高等教育发展研究分析框架，探讨发展理论是如何影响高等教育政策的。本书围绕该主题展开，主要由以下几个部分组成。

第一，社会科学影响下的高等教育发展研究。第一部分主要是从理论范式角度阐释发展研究的历史发展，即发展研究曾受到进化论、新古典主义、结构功能主义、马克思主义及新马克思主义等社会科学流派的影响，形成了相应的理论体系，并且都对高等教育发展研究产生了影响。

第二，高等教育发展研究构建的视角。第二部分是总结和归纳已有高等教育发展研究构建的视角。根据不同的维度，高等教育发展研究构建的视角可划分为宏大宏观视角与微观具象视角、正面视角与反面视角。

第三，高等教育发展研究构建的观点。第三部分基于社会理论构建的基本构架出发，从本体论、方法论、价值论对发展研究进行重构。这几个问题对应发展研究的部分是：高等教育发展的本质是什么？如何开展高等教育发展研究？高等教育发展的价值是什么？本部分对本体论和价值论有所回应。

第四，高等教育发展研究构建的应用。第四部分从历史和比较的角度，选取英国、美国、中国三个国家，分别考察各自高等教育政策在发展理论的影响下所选择的高等教育发展价值，进一步说明发展理论对高等教育政策的影响。选取中国具有重大影响力的政策为个案作为本研究的补充分析。

第五，结语。第五部分是对研究的总结及展望。

三 研究方法

根据研究的目的可以把教育研究分为基础研究和应用研究，“基础研究的目的是扩展知识，应用研究的基本目的是解决当下的实际的问题”①。本研究不属于纯粹的基础研究，兼具有一定的应用研究性质，既为高等教育发展理论添砖加瓦，又为高等教育政策制定提供解释。从方法论的角度又存在定性研究和定量研究一说，定性研究采用文字描述，定量研究用数字和量度来描述，本研究主要以定性研究为主、兼用定量研究，具体的研究方法如下。

（一）文献法

通过对各类教育专著、论文、报告等各类文献的收集和整理，了解本研究相关论题的现状及不足，为本研究的立论提供必要的支撑。特别指出的是这里的文献还包括高等教育政策的具体文本，在对高等教育政策发展的历史演进以及具体政策个案分析中，都会涉及有关的政策文献。

（二）比较法

通过比较美、英、中的高等教育政策在发展理论影响下所选择的高等教育发展价值，发现一些共同的趋势并且得出若干研究结论。

（三）历史考察法

教育科学研究中的历史研究定义为：借助于对历史经验和教训以及预测未来的一种研究模式。在国别比较以及考察我国高等教育政策发展的历史脉络上运用了历史研究。

---

① ［美］威廉·威尔斯曼：《教育研究方法导论》，袁振国译，教育科学出版社 2003 年版，第 12 页。

（四）个案分析

个案分析是政策分析中最重要的研究方法之一。个案分析有三个主要的作用，一是把一般的理论具体化，用个案举例来印证和说明一般概念、政策原理和方法，说明其合理性；二是通过个案分析，从中发现普遍性的结论，并与演绎或理论分析得来的理论相比较，使理论得到修正和完善；三是通过个案分析可以为解决相关的具体政策问题提供理论指导，为相关具体政策的完善和改进提供依据。本研究采用个案分析旨在发挥其第一和第二项功能，即在验证理论的同时也使理论得到修正和完善。本文以我国高等教育扩招政策、重点大学政策作为政策个案进行分析，旨在进一步验证本研究的理论观点和分析框架。

四　文献综述

根据研究问题，本研究综述分为三大块，第一是从发展分支学科的视角梳理发展理论的主要研究成果；第二是发展理论对高等教育发展实践的影响；第三是高等教育政策的制定理论阐释，理论阐释指运用各种理论对已制定的政策进行解释和论证。

（一）多学科视角下的发展理论

发展理论兴起于发达国家学者对发展中国家经济、政治和文化等方面的研究，这些学者研究发展中国家的动机大致上可以分为两种：一种是发达国家加深对发展中国家了解的需要；另一种是学者个人的研究趣旨。发展理论学者纷纷从各自的学科视角入手，分析发展中国家落后的原因，尝试提出缩小发展中国家和发达国家差距的对策，其中不乏部分学者深入发展中国家和地区，实地考察并论证对策的可行性。

1. 发展经济学

第二次世界大战结束后，战后经济重建等发展问题提上日程，其中发达国家如何援助发展中国家的问题备受关注。例如“整个50年代，美国政府政策的基本假设是：经济发展（包括消灭贫穷、疾病和文盲）是政治发展与政治稳定的必要条件。美国人思维中有着这样一种因果关系：经济援助促进经济发展，经济发展促进政治稳定。这一教条在美国的立法中被奉为根本原则，而且更重要的是，它已深深扎根于美国各援外机构官员的脑海之中”①。发展经济学的产生伴随着发达国家援外项目的实施。所以，发展经济学自诞生之日起就是一门应用性的学科，它致力于回应政策制定者们的需要，为政府提供什么、能够做什么和应该做什么的建议，从而帮助国家摆脱长期贫困。因此，早期发展经济学家基本上都是20世纪40年代和50年代政策制定的积极参与者，这似乎也为发展研究奠定了一种应用属性。

1943—1947年期间出现了一批关于经济发展的应用型著作，例如，斯塔利（Eugene Staley）在《世界经济发展》一书中探究了战后许多落后地区急速地发展对先进工业国可能产生的经济影响；曼德尔鲍姆（K. Mandelbaum）在《落后地区的工业化》一书中提出了人口多而又落后的东欧和东南欧地区工业化的数量模式，罗森斯坦·罗丹（Paul Rosenstein Rodan）在《东欧和东南欧国家工业化的若干问题》一文中探讨了“过剩农业人口”如何成为发展力量，外在经济如何促进规模效益，基础设施和教育训练为何具有重要性等问题。不过由于研究广度和深度不足、研究方法的单一，这批著作不被认为是发展经济学诞生的标志。而哈罗德（Roy Forbes Harrod）和多马（Evesey D. Domar）两人提出的经济增长模式理论试图把短期的、静态的凯恩斯经济周期学说长期化、动态化，被人们认为是发展经济学的里程碑。但是，增长模式论仅仅作为一种增长模式的学说，并没有在经济问题领域内开疆扩土，所以始终难以成为一门独立的学科。直到1950年以后，发展中国家面临着的经济发展问题成为各种经济发展理论的实践来源，这些理论体系才逐步成熟经系统化后朝向学科方向

---

① ［美］萨缪尔·亨廷顿：《变革社会中的政治秩序》，李盛平等译，华夏出版社1988年版，第6页。

发展。

我国发展经济学家谭崇台把发展经济学分为三个阶段：20世纪40年代末至60年代初为第一阶段；60年代中期以后至70年代末为第二阶段；80年代以后为第三阶段。“在以第一阶段，关于发展中国家如何发展经济的问题，有三种主要观点：（1）强调物质资本积累的重要性；（2）强调工业化的重要性；（3）强调计划化的重要性”①。其中，强调物质资本积累的代表人物及其理论有罗格纳·纳克斯（Ragnar Nurkse）的“贫困恶性循环”理论、R. R. 纳尔逊（Richard R. Nelson）的“低水平均衡陷阱”理论、冈纳·缪尔达尔（Karl Gunnar Myrdal）的“循环累积因果关系”理论、罗森斯坦·罗丹的“大推进”理论、哈维·莱宾斯坦（Harvey Leeibenstein）的“临界最小努力”理论、罗斯托（Walt Whitman Rostow）的“经济增长阶段”理论，霍利斯·钱纳里（Hollis B. Chenery）的“两缺口”理论等；强调工业化的代表人物及其理论有刘易斯（William Arthur Lewis）的“二元经济”理论、赫希曼（Albert Otto Hirschman）的“不平衡增长”理论、劳尔·普雷维什（Raul Prebisch）的“贸易条件恶化”理论、西蒙·史密斯·库兹涅茨（Simon Smith Kuznets）的“现代经济增长”理论；而强调计划性则散见于各个发展经济学家的理论中。此阶段的发展经济理论也被称为结构主义经济发展理论。结构主义经济发展理论认为，“发展中国家的经济具有结构上的特点，如刚性、滞后、短缺、过剩、低供求弹性。而且应当以动态的观点，从互相联系的因果关系中，去研究经济发展问题。不应当完全寄希望于市场调节，而应当发挥国家干预的作用，进行结构改革，有计划地对资本积累和工业建设作出安排”②。

早期的发展经济学试图从资源配置、制度设计以及现代化等方面实现不发达国家的脱贫，也有发展经济学家，例如辛格、缪尔达尔，认识到公平与民主问题对经济增长也发挥着至关重要的作用。但从大

① 谭崇台：《发展经济学概论》，武汉大学出版社2001年版，第8页。

② 谭崇台：《发展经济学》，山西经济出版社2000年版，第29页。

体上来看，在西方经济学学说的体系中，增长理论被看成是发展理论的组成部分。他们认为经济增长不能等同于经济发展，这两个概念的区别就在于前者仅仅是增加产出；后者不仅意味着产出的增加，还包括经济结构的变化。但是，“促成经济发展的基本动力是经济增长，经济增长是一切经济进步的首要条件，而且一般不可能出现有发展而无增长的情况，即使出现，也必然是短期的、局部的，不可能是持续的、全面的”[①]。严格上来说，早期发展经济学并不是纯粹的经济学，这种立志于解决实际问题的学科从一开始受到了人类学、社会学、政治学等其他学科的影响，例如罗斯托的“经济增长阶段”理论就吸收了马克斯·韦伯（Max Weber）的文化价值观。

20 世纪 60 年代后的第二阶段实际就是对第一阶段经济发展理论和政策建议的反思，第一阶段的经济发展理论对发展中国家的经济发展作用与其最初的理论设想不符，实施工业化和进口替代战略，强调国家对经济干预给发展中国家带来了更多的困难。与此形成鲜明对比的是执行坚持发挥市场调节作用，鼓励出口政策的发展中国家经济上却形成良好的发展态势。面对经济发展实践中未曾预料的问题，发展经济学被迫反思和评估第一阶段的理论和政策建议，并作出针对性的修正[②]：

第一，对经济计划化的得失和市场的作用重新评估。前一阶段的发展经济学家过于强调发展中国家市场的不完全性而贬低“价格—市场”机制的作用。然而，经济计划化的结果却令人失望。他们着重指出，他们并不主张采取完全自由放任的政策，而是主张政府应当充分利用“价格—市场”机制，通过执行价格杠杆政策，不应当依赖全面的、细节的管理。

第二，对农业的偏见得到纠正。在第一阶段经济发展理论的影响下，国民经济中占很大比重的农业成为工业化的牺牲品，工业化被推

---

① 施琳：《论“发展经济学”的发展——从西方发展经济学到中国民族经济学》，中央民族大学出版社 1994 年版，第 14 页。

② 谭崇台：《发展经济学概论》，武汉大学出版社 2001 年版，第 10—11 页。

崇到可以损害农业的地步。第二阶段发展经济学家认为，传统农业的现代化是发展中国家的一个根本问题，谋求经济发展就必须发挥农业的作用。发展中国家必须重视农业，在发展战略上将农业进步置于关键的地位。

第三，外向发展和对外贸易受到强调。第二阶段发展经济学家批评前期的进口替代工业化内向发展战略。他们指出，这种战略必将造成各种价格扭曲，如利息率过高，农产品价格过低，外汇定值过高等，就会既不利于资源的有效配置，又不利于经济的健康发展。他们认为，发展中国家应当重视对外贸易，鼓励输出，依据“价格—市场”机制调节进出口，在国际竞争环境中谋求经济发展。“价格—市场”机制不仅能最有效、最有利地调节国内经济，而且也能最有效、最有利地调节国际经济。

第一阶段与第二阶段的发展经济学最大区别就在于对待新古典主义经济学的态度，第一阶段侧重于发展中国家经济发展的现实问题和特点，脱离了新古典经济学的统一体系，提出独特的理论观点和政策建议。第二阶段的发展经济学为了解决前一阶段出现的新问题，又重新启用了新古典主义的理论思想，甚至更加器重新古典主义。所以这个阶段的发展经济学又被称作“新古典主义的复兴时期”。这一阶段代表人物有 T. W. 舒尔茨、A. O. 克鲁格、B. 巴拉萨、H. G. 约翰逊、L. M. D. 利特尔、J. A. 米尔利斯、D. 拉尔、J. 巴格瓦蒂等。市场均衡论是新古典主义发展经济学理论的核心，即市场能够在经济发展中发挥资源配置的基础性作用。“市场均衡论包含着三个理论假设：‘经济人’假设，每个经济主体都具有理性的‘刺激—反应’机制；价格刺激是灵敏的，价格的变动必然较快地引起产品的供给数量和需求数量以及生产产品的要素配合比例的相应变化；各种要素的自由流动、自由竞争。”新古典主义发展经济学的政策主张有三个基本观点：保护个人利益、强调私有化的重要性；反对国家干预；主张自由竞争、自由贸易、金融自由化的政策。[①]

① 杨永华：《发展经济学流派研究》，人民出版社 2007 年版，第 127 页。

70年代，发展中国家陷入农业停滞、二元结构次级分化、贫富差距日益拉大，甚至出现了一批腐败的统治者和寡头，像菲律宾的马科斯、印度尼西亚的苏哈托、伊朗的巴列维国王、尼加拉瓜的索莫查家族以及非洲、拉美和中东的众多独裁者和军人政权。[①] 发展经济学所构建出来的理论体系受到了前所未有的挑战。20世纪80年代，悲观的情绪蔓延在发展经济学领域，奠基人之一的赫希曼曾哀叹发展经济学"衰退"，80年代中期D. 拉尔声称发展经济学已经"寿终正寝"，90年代中期P. 克鲁格曼宣称发展经济学已经"不复存在"，[②] 发展经济学也逐渐淡出经济学界。发展经济学为什么会淡出经济学视线呢？究其原因，可能正如克鲁格曼所言，发展经济学的"缔造者没有用一种适用于当时已有的建模技术的方法表达他们的思想"。[③] 即发展经济学家对理论的表述缺乏模型建构，使发展经济学在主流经济学内难以站稳脚跟。

发展经济学应用于发展中国家的困难主要包括两个方面。第一，理论本身的偏颇。发展经济学理论有一个暗含的假设——发展是增长，尤其是经济的增长，这在刘易斯的《经济增长理论》中得到充分体现。早期的发展经济学家在考虑发展问题的时候，基本上是从资本市场与产业结构入手，鲜有人论及政治和文化对发展的作用。到了20世纪60年代之后，人力资本的重要性开始凸显，但发展经济学仍然没有摆脱发展即增长的假设，国民生产总值（GDP）和人均国民生产总值（人均GDP）是衡量发展的重要标准。但随之而来的问题是，发展的量化标准又是什么？1968年4月，学术团体罗马俱乐部发布了《增长的极限》报告，报告得出结论：增长超过了极限会对人类带来灾难，该结论对"发展即增长"来说无疑是一个巨大挑战；

① ［美］霍华德·威亚尔达：《新兴国家的政治发展：第三世界还存在吗?》，刘青等译，北京大学出版社2005年版，第46页。

② 蔡彬彬：《20世纪发展经济学的发展轨迹及其启示》，《财经科学》2004年第2期。

③ ［美］保罗·克鲁格曼：《发展、地理学与经济理论》，蔡荣译，中国人民大学出版社2000年版，第6页。

第二，理论迁移的难度。主流经济学基本上以发达国家的市场经济为建模基础，理论诠释中更多考虑的是时间序列，而不是空间的变化。试想，当资本在全球这个偌大的市场内流动，难道不会受不同国家的气候、地理、政治、历史、文化等诸多方面影响吗？艾伯特·赫希曼也敦促发展人士不要把自我中心的变革形象强加给主张集体中心变革形象的社会，他警告说："必须非常小心，不要破坏可以接受的变革'形象'。相信或疑虑（不管多么错误）一项计划会导致个人致富而不是集体福利，那就很容易遭到失败。"①

当理论解释力减弱的时候，就会孕育出新的理论。80 年代后期至今，发展经济学尽管没能恢复到五六十年代的名声大噪，但关心发展中国家经济发展的学者们依然笔耕不辍，发表了一批关于发展经济学的新理论，对理解发展具有发人深省的作用。例如罗伯特·默顿·索洛（Robert Merton Solow）、爱尔玛·阿德尔曼（Irma Adelman）、阿马蒂亚·森（Amartya Sen）、达尼·罗德瑞克（Dani Rodrik）、兰斯·泰勒（Lance Taylor）、罗伯特·亨特·韦德（Robert Hunter Wade）等人，他们使发展经济学不再局限于市场经济与产业结构，而是将目光转向技术、知识、权力、制度乃至人的心理和行为对发展的作用。与此同时，主流经济学理论也正在经历一个从宏观到微观、从关注社会到关注人、从追求规模大到发现小的美好的过程，这也影响着发展经济学从更深层次思考发展中国家的发展问题，衍生出新制度经济学和新经济史学、现代福利经济学分析等一批发展经济学新理论，这些理论将发展经济学推到了第三个阶段——新古典政治经济学阶段。

不同于结构主义和新古典主义，新古典政治经济学突破了发展即增长的假设局限，并且主张以发展中国家的视角看待发展问题，强调制度在发展过程中所发挥的作用，继而将解决发展中国家发展问题的视角从外生转向了内生，是发展经济学演变历史上的一次重要转向。

---

① ［美］德尼·古莱：《发展伦理学》，高铦等译，社会科学文献出版社 2003 年版，第 223 页。

新古典政治经济学主要表现出以下几种变化。

第一，从长期宏观分析转向短期微观分析，越来越多的经济学家从热衷于“宏观经济学”转向更加关注发展中国家的移植性和对不同国家不同经济绩效的阐释。第二，尽管强调制度的作用，但是在分析方法上仍然采用新古典主义的工具。第三，越来越注重新制度学派方法的应用。许多发展经济学家认识到，要解决发展中国家的问题，不应只关注纯经济因素，而更应该关注制度因素对经济发展的促进或障碍作用。①

制度在新古典政治经济学里不仅指的是法律、法规、规章、规定、守则等正式制度，还包含了风俗、民俗、氛围、习惯、潜规则等非正式制度。因此，制度包含了文化，而从制度层面解决发展问题显然比从文化层面要更具有操作性，这也是新古典政治经济学比前两个阶段更有现实意义之处。此外，第三阶段的发展经济学已不再只针对发展中国家，其研究旨趣转向了发达国家中的穷人，研究领域涉及地区经济、环境保护、食品安全、公共治理、腐败问题等诸多方面，从这个角度上来说，发展经济学不仅是穷国的经济学，更是穷人的经济学。

新古典政治经济学引入发展经济学，不仅给发展经济学注入了新鲜的血液，也深化了人们对发展问题的认识。发展不仅仅指的是经济增长，单靠经济增长也解决不了发展问题。发展经济学所构建的完全竞争市场不仅在发达国家无法充分实现，更妄谈在发展中国家，这也许能够说明为什么发展经济学并没有帮助发展中国家摆脱贫穷，反而还削弱了部分发展中国家抵抗全球经济冲击的防御能力，恶化了发展中国家的社会不平等和民族内部冲突，而发展的概念也悄无声息的由经济领域走向了政治领域，“权力”成为继“增长”以后，发展的第二个关键词。

2. 发展政治学

发展政治学是比较政治学的一个分支，出现的时间要稍晚于发展

① 邹薇：《发展经济学——一种新古典政治经济学的研究框架》，经济日报出版社2007年版，第20—21页。

经济学，关注的核心依然是发展中国家的政治发展问题，该理论的重要学者基本上也来自发达国家，尤其是美国，这与“冷战”结束后美国对发展中国家研究的重视有关。一方面20世纪50年代初期，美国为了预防与苏联发生直接冲突，对外政策的重心集中在建立和维持欧洲和北大西洋公约组织。但是，到了20世纪50年代末60年代初，随着很多发展中国家相继革命，美国意识到美国和苏联发生直接武装冲突的可能性不大，发展中国家才是未来“冷战”的主要阵地，因为发展中国家无论是意识形态还是实际的政治局势都相当复杂，事实也证明“冷战”的武装冲突表现为美国和苏联各自的代理人发动战争。另一方面，对美国来说，大部分发展中国家都是相当陌生的，美国希望能介绍更加优越的发展模式给它们，所以美国开始接触和了解发展中国家的国情和需求。正是在这样的背景下，美国政府开始大力资助国内一流大学建立关于发展中国家的研究中心，优先资助从事发展中国家研究的项目。

首次对发展中国家的政治进行研究的是美国政治学家阿尔蒙德（Gabriel A. Almond）和柯尔曼（James S. Coleman），他们于1960年主编出版了《发展中地区的政治》。该书从政治系统、政治结构、政治功能比较了东南亚、南亚、亚撒哈拉、远东以及拉丁美洲的政治文化特点，认为发展中地区的政治特点主要有三：第一，社会、经济与政治过程的复杂性。大部分发展中国家为农业社会，大部分人口是文盲，人均收入低下，现代部门的地理流动程度较高，但社会其他部门流动程度较低。大部分社会中生计是最重要的因素，而现代化进程不是正在进行中，就只是一种渴望而已。尽管政府的中心结构遵循的是现代形式，但权威以及政治功能却表现出一种现代与传统文化并存的形式。这种现代与传统的并存在一些情况下表现为融合，在另一些情况下表现为排斥；第二，由于民族、宗教、种族和文化的多元化特征，以及现代化进程的缺失与不平衡，这些社会缺乏文化的融合。然而，多元化不是导致文化缺乏融合的原因——事实上，多元化是大部分社会现代化的关键之所在——而是利益依然按照部落、民族、宗教或者公社团体所分配，固执而优势群体延迟融入新的国家社会。因此，只要利益还是按照公社团体来分配，优势群体就不愿意融入一个充满竞争与协商的过程。第三，发展中国家的大众化传统，与西方精英亚社会的现代化存在差距。后者控制了政府的核心结构，尝试对整个社会做出评价并采取行动。这种精英亚社会是政治活动和社会变化中的主要核心。精英亚社会的主要行动者和参与者的角色比较多变：在非洲的新国家和殖民地，以及亚洲的新国家，它们实现了城市化以及西方教育的少数化；一些非洲和拉丁美洲的白人寡头国家，它们利用文化重新定义了精英的概念。这些社会的主要差别在于进入精英社会的程度、在传统向现代转换过程中两个部门中地方精英中介或中间阶层的沟通。两个部门之间的差距表现出这些国家社会与政治过程中的复杂性以及垂直水平层面上的不融合。①

阿尔蒙德奠定了分析发展问题的传统——现代两分法。所谓发展，即是一个从传统到现代的过程，至此，“现代化”也成为发展的应有之义。然而，从一开始，很多人就对阿尔蒙德的这个方法产生了怀疑。欧洲问题的专家发现，他的这套分类无助于研究先进的工业社会。同样，资深的亚洲和拉美问题专家也认为阿尔蒙德的工作是在将这些地区和国家生硬地塞进这组预设的适用性有限的分类。即使是在声望很高的社会科学理事会下属的比较政治学研究会——阿尔蒙德担任主席，该理事会在其后的十年中在发展中国家研究上居于领军地位的内部，也有很多人质疑阿尔蒙德的这种研究方法，对他的模式变量、传统和现代的两分法以及功能主义的视角持保留意见。②

此后，发展政治学家笔耕不息，撰写了大量发展政治学专著。政治学家大卫·阿普特（David E. Apter）于1965年出版了《现代化的政治学》一书。该书着重分析了现代化过程中促进变革的因素，其中主要包括价值观念、等级式、金字塔形和部门式政权类型、传统派、协调派和改革派角色类型，世俗自由主义和宗教集体主义政策模

① Gabriel A. Almond, James S. Coleman, *The Politics of the Developing Areas*. New Jersey: Princeton University Press, 1971, pp. 535 – 536.

② ［美］霍华德·威亚尔达：《新兴国家的政治发展：第三世界还存在吗?》，刘青等译，北京大学出版社2005年版，第43页。

式等。他基于政府类型的不同，提出了两种现代化政策模式：一是欧美式的世俗化——自由主义模式；一是发展中国家的神圣化——集体主义模式。他认为前者在新型国家中不可能得到良好运转，而后者更能实现社会动员，促进经济发展。同时，还有利普赛特（Seymour Martin Lipset）的《政治人》（1960）、《第一个新国家：研究美国的历史观点与比较观点》（1967）、I. P. 西奈（I. P. Sinai）的《现代性挑战：西方对非西方世界的影响》。西奈的研究特别强调有力的领导对动员社会资源的重要作用，认为在新独立的国家，明显缺少强有力而又能自我约束的领导人。结果，雄心勃勃的目标与低微的成效之间往往形成巨大反差。

值得注意的是美国著名政治学家萨缪尔·亨廷顿（Samuel Huntington）的研究。他在1968年出版了《变革社会中的政治秩序》，该书通过亚洲、非洲和拉丁美洲一些典型国家第二次世界大战后政治变迁的研究，涉及发展中的动员、公平、稳定、政府能力、腐败和城市化等问题。与发展经济学家不同，亨廷顿认为发展中国家政治稳定的关键不在于经济增长，而在于政治统治程度高低。他提出“经济发展与政治稳定，是两个独立的目标，一个方面的进步未必就同另一方面的进步有关。在某些情况下，经济发展计划可能会促进政治稳定；然而，在其他情况下，经济的发展则可能严重地破坏这种稳定。同样，某些形式的政治稳定也许能促进经济发展；而另一些形式的政治稳定则可能阻碍经济发展①。”

“首要的问题不是自由，而是创建一个合法的公共秩序。很显然，人类可以无自由而有秩序，但不能无秩序而有自由。必须先有权威，然后才能对它加以限制。在那些现代化中国家，政府面对心怀离异的知识分子、粗暴蛮横的军人和放纵不拘的学生，深感束手无策、无力驾驭局势，其原因正是由于缺少权威。”② 基于发展中国家的立

① ［美］萨缪尔·亨廷顿：《变革社会中的政治秩序》，李盛平等译，华夏出版社1988年版，第6页。

② 同上书，第8页。

场，亨廷顿认为只有先实现权威主义，方可实现民主主义社会，而社会转变的实现机制在于价值观的转变，即政治影响文化。亨廷顿的观点遭到了一些学者的批评，最致命的错误是在论述中，将“文化”视为长期存在于某一文明中的一成不变的信仰价值体系而衍生出来的文化中心论。①

至此，发展政治学分化出政治文化理论这一分支，政治文化理论产生于1960年前后，它以政治价值观、政治行为及社会环境的关系作为视角来分析和解决发展中国家遇到的政治问题。美国政治学家鲁·派伊和加·A. 阿尔蒙德等人认为发展中国家在现代化过程中出现的政治问题实质是文化问题。在这一点上，政治文化理论家们达成高度一致，普遍认为发展中国家不仅经济落后，更致命的是文化上的落后。西方国家的现代化模式之所以在发展中国家行不通，主要原因是两种文化背景的巨大差异。尤其是政治文化的不同导致西方的多元民主制不适应于发展中国家。不难看出，政治文化理论强调文化因素在发展中国家中的重要作用，也是对发展中国家发展的某种告诫，即发展中国家不可盲目照搬发达国家的政治模式和制度，必须注意文化发展与政治发展的密切关系。

相较之于发展经济学而言，与其说发展政治学拓展了“发展”的内涵，不如说发展政治学挑战了发展经济学的发展观。发展经济学的发展观主要指的是经济的增长与产业结构的工业化，旨在于解决发展中国家的温饱问题，以及战后的经济重建。但是，发展政治学的发展观则转向了一个更为复杂的概念——“现代化”，然而对于“现代化”的理解，也是见仁见智。以阿尔蒙德对“现代化”的理解为例，他认为结构和文化的现代化特性在于，解决多功能与文化多元化问题的特殊方法。在西方现代系统中，每一个功能都有一个特殊的结构，调控其他结构的特殊功能的表现。他将“现代化”解决多功能问题的特性定义为一种调控功能表现的手段，这种手段通过一种特殊的自治结构存在于政体之内，存在于自己的范围之内，并且有能力在整个

① 潘天舒：《发展人类学概论》，华东理工大学出版社2009年版，第46页。

系统内固定这种范围。他将“现代化”的解决文化多元化问题的特性定义为在扩散的、党派的、固化的、情感的传统风格渗透具体的、普世的、未来的和情感的中立理性。[①] 阿普特的《现代化的政治》中所使用的现代化这一概念相当简单，是指在工业化过程中，在功能上联系和组织起来的角色的扩散，这些角色在工业基础设施落后的社会中得以大量涌现。[②]在阿普特看来，现代化在西方地区和非西方地区的涵义与实现大相径庭。在许多非西方地区，现代化是商业化而非工业化、官僚化的结果。一些适合工业化国家的价值由那些富有事业心的人到处传播，有时通过政治活动和贸易活动，有时则通过宗教活动和教育活动。现代化可以被看作不同于工业化的过程——在西方是由工业化引发，但在其他地区却推动了工业化。[③] 在发展政治学视野中，国家只有先实现现代化，才能实现工业化，而发展更多意义上，是从传统到现代的一个过程，伴随整个过程的是权力结构的调整，而权力恰恰是政治系统的核心。

从现代化的角度来看，发展政治学借用了社会的观念来解决现代化的困境，最明显的是结构功能主义，主要是借鉴了迪尔凯姆对政治结构——功能的方法。结构功能论认为，任何政治体系都是由政治结构组成，这些政治结构行使相应的政治功能。结构功能主义运用是在通用的范畴下比较世界各国差异。值得一提的是，不同于发展经济学，发展政治学认为发展的主体除了国家以外，还可以是地区，尤其从文化角度分析发展问题的时候，发展的主体变得更加复杂。然而，发展政治学更大的一个突破在于，强调价值观对于现代化的作用。因为价值观是一个主观感受域，这就意味着发展的主体可能不仅仅是国家，也可能是作为人类的个体，这种观点在亨廷顿的作品中尤其显著，其主编的论文集《文化的重要作用——价值观如何影响人类进

---

① Gabriel A. Almond, James S. Coleman, *The Politics of the Developing Areas*. New Jersey: Princeton University Press, 1971, pp. 535 – 536.

② ［美］戴维·E. 阿普特：《现代化的政治》，陈尧译，上海人民出版社 2011 年版，第 1 页。

③ 同上书，第 33 页。

步》最为突出。

1989年，发展经济学家西尔斯在“The Meaning of Development”一文中认为，发展是一种关系，言下之意，发展需要参照物。发展政治学明确将西方国家或地区作为非西方国家的圭臬，在现代化理论中掺杂了关于权力、国家、政府、政治系统、政治体制、政治功能等多种政治学的分析元素，试图从政治的角度解决发展经济学所遗留下来的历史问题。发展政治学与发展经济学一样，经不起现实的考验，二者几乎在同一时期宣告失败。有学者认为，“它失败的关键之处在于年轻一辈的学者没有推动它，而是拒绝了当年激发它的工程。作为一个范式，现代化理论遭到无数的批判。并且，它的目的论视角由于与现实世界的发展出入太大而难以为继。”① 简单地将西方政治体制定义为现代，非西方定义为传统，用西方来比照东方，必然会遭遇现代化的滑铁卢。换个思路来看，倘若继续用传统——现代的视角来解释发展，那么在发达国家产生之前的现代化是什么？发达国家的发展又是什么？简单的二分法缺陷在发展政治学中暴露得一览无余，但不得不承认的是，政治学家对发展问题的分析依然针砭时弊，尤其是对发展中国家政治体制的复杂性与特殊性认识进步了许多。

3. 发展人类学

应用人类学是发展人类学的母学科，它的诞生是殖民主义直接产物，这在英国的海外殖民中可见一斑。应用人类学的发展，“尽管也产生了内容和性质的变化，但或许正是在政府中的侨居者为‘管理者’、土著为‘背景’的殖民时代氛围中，作为殖民政府处理具体事务工具而生成的特殊历史形式和狭隘性质，使其获得了一个极其难堪的地位。在经济学、社会学等众多的学科领域，也有应用的问题，但它们无一像在人类学领域中那样获得了‘二等公民’的地位。‘应用’的学术性与非学术性的争论，一直萦绕于人类学领域”②。这种情况在其他学科也同样存在，例如发展经济学一度被主流经济学所排

① Frances Hagopian：《重访发展政治学》，《开放时代》2006年第4期。

② 陈庆德：《发展人类学引论》，云南大学出版社2001年版，第42页。

斥，主要原因就在于发展经济学缺乏合理与严密的数学模型，然而经济学家们都心知肚明，数学模型运用于现实的可能性有待考证，主流经济学界理论至上的惯性思维对发展经济学的确是一个阻碍。

和发展经济学、发展政治学不一样，发展人类学的兴起始于“冷战”之后，产生的主要原因有二：一方面是国际开发组织的建立以及国际援助计划的实施；另一方面是人类学博士生的就业危机。“冷战”以后的几十年间，在象征美国经济霸权的布雷顿森林体系框架内，世界银行和国际货币基金组织等机构，开始向经济欠发达地区提供各种形式的援助，以促进经济发展为目的的国际开发领域。从最初与东欧社会主义阵营博弈较量的一张王牌，逐渐成为发展中国家普遍接受的一种以发展来摆脱贫穷落后的途径。有着不同政治背景和资金来源的国际开发组织相继成立，使以经济增长为导向的发展实践，逐步演变为一种特殊的跨国产业。[①] 一方面，20 世纪 70 年代以后，人口结构的变化和高等教育产业化等导致北美人类学系毕业的博士要想在高等院校谋求一份教职变成为一种奢望，年轻的博士们开始寻求其他发展机遇；另一方面，不少国际组织逐步意识到国际发展实践需要人类学者的关注与参与。在这样的背景下，越来越多的应用人类学家开始直接参与到国际开发的项目中来，在项目的策划和实施过程中发挥其重视地方性知识积累和善于在不同文化语境中扮演沟通和中介者（或者说是斡旋者）角色的作用，从而形成以应用实践和促进第三世界地方经济发展主要目标的“发展人类学”。[②]

1971 年，曾担任西太平洋发展中国家管理者的 SYRACUSE 大学人类学系的格林·考奇伦（Glynn Cochran）教授出版了以“发展人类学”命名的专著。“人类学对发展问题的研究，应该是宽泛而现代化的，甚至可以忽略‘应用人类学’的术语。在这些变化中，发展人类学者对涉及社会变革的诸多因素，应有广泛的了解并有处理这些事务的能力，诸如对其政治、行政管理、农业、教育、法律以及医学

① 潘天舒：《发展人类学概论》，华东理工大学出版社 2009 年版，第 109—110 页。

② 同上书，第 110 页。

方面的知识。应强调灵活性与实践性的需要，甚至以理论为其代价”①。尽管这本书是首次以“发展人类学”名义出版的专著，但就“发展人类学”所关注的领域而言，发展人类学的鼻祖可以追溯到弗朗兹·博厄斯（Franz Boas）、玛格丽特·米德（Margaret Mead）、鲁斯·本尼迪克特（Ruth Benedict）、乔治·福斯特（George Forster）等文化人类学家。

文化人类学家认为研究每一种文化都需要在特定的背景中，使用特定的语言。也就是说，文化是独特的，也是极易受到各种因素影响的。经济学家企图为人类设计最合理的、唯一普适性的发展模式，而人类学家不相信存在这样一个唯一的、必然的和普适的发展模式，每一个国家都有自己独特的文化。发展理论领域的“趋势论”正是介于文化人类学与经济学之间，他们既认为发展过程是有模式可循（这点与经济学者寻求普适性发展模式有一定共通之处），又觉得不同国家的社会有其独特的个性。具体来说，就是每个社会的文化肯定是不同的，对于外部同样的刺激也会做出不一样的反应，但是其中仍然能辨别出一种共同的发展趋势。所以认识和了解每个社会的独特文化以及共同的趋势都是研究发展问题必不可少的准备。②

福特基金会的弗朗西斯·萨顿（Francis Sutton）的一篇论文对发展人类学的研究产生了较大的影响。虽然这篇论文知名度并不高。该论文对很多学者产生重要的影响，比如政治学家加布里埃尔·阿尔蒙德（Gabriel Almond）。萨顿的论文最精华的思想就是，“不同的文化会通过相同的进程达致发展和现代化。萨顿还特别对这一进程进行了分析，制定出一套指标来衡量社会从传统主义向现代性的变迁。在他的表述中，现代工业社会的特点就是具有被广泛认可的法律标准、日益增长的社会流动性以及专业结构和功能的日益分殊。而与此相对照的，传统的或农业社会的特点则是固守陈规陋习、相信宿命论、等级

① 陈庆德：《发展人类学引论》，云南大学出版社 2001 年版，第 44 页。

② ［美］霍华德·威亚尔达：《新兴国家的政治发展：第三世界还存在吗?》，刘青等译，北京大学出版社 2005 年版，第 36—37 页。

身份制度僵化、缺乏专业分工。在他看来，发展就是一个国家从后者向前者的迈进"①。

事实上，发展人类学家和文化人类学家的确不太相同，最显著的差异就在于发展人类学家致力于改变，而文化人类学家致力于诠释，致力于改变的发展人类学家不仅在业内得到了认可，并且在公共治理领域大有如鱼得水之势。当前以发展人类学为典型代表的应用人类学的学科地位大大提高，成为美国人类学学会所承认的分支学科，曾几何时还被冠以"非学术性"的帽子，遭业内人士轻视。应用人类学家享受着与经济学家一样的待遇，是政府部门、咨询公司、企业、公共卫生组织、律师事务所的顾问或正式雇员，在慈善机构等非营利组织中也发挥着举足轻重的作用。在美国，就有相当数量的应用人类学家在一些国际组织如世界银行、福特基金会、洛克菲勒基金会和美国国际发展署担任顾问或专职研究人员。②

不同于发展经济学和发展政治学，发展人类学并没有对"发展"的内涵进行拓展，因为人类学研究的初衷本身就不在于追求一般规律。但发展人类学却填补了发展经济学和发展政治学在发展理论的空白，那就是在研究方法上的突破。发展经济学和发展政治学基本上可以算作书斋内的研究，这些学者既不是来自发展中国家，也鲜有亲自考察过发展中国家，这为发展理论提出来的发展对策埋下了隐患。当然这并不是怀疑理论研究结论的普适性，也不是彻底否定人与人之间无法沟通，但现实的确一次次给发展理论敲响了警钟。陈庆德的《发展人类学引论》中，对发展人类学的实践意义归纳如下③：

首先，它们都共同揭示了，"传统——现代"的对立乃是一种虚假的人为构建。"传统——现代"的观念预设，从根本上制约了民族发展的现实选择。应该看到，被人们预设为"传统"的东西，也是作为民族发展现实选择中的可用资源而存在的。

① ［美］霍华德·威亚尔达：《新兴国家的政治发展：第三世界还存在吗?》，刘青等译，北京大学出版社2005年版，第37页。

② 潘天舒：《发展人类学概论》，华东理工大学出版社2009年版，第110页。

③ 陈庆德：《发展人类学引论》，云南大学出版社2001年版，第388页。

其次，它们都再次证实了，发展问题并非只存在唯一的模式。民族发展的问题，包容着不同视角、不同方法、不同的道路和重点的选择与探索。在一定的条件下，这些不同的组合都能取得一定的成功。

最后，发展人类学的实践与理论探索，从不同的角度表明，发展是一个整体性的问题。尽管人们对每一个民族的发展问题会得出差异极大的看法，并采取大相径庭的操作手段，但最终都要涉及特定民族的文化整体性存在，都要进入一个整体互动的过程。

不得不承认，发展人类学提出来的跨文化研究方法，的确是突破发展困境的关键，彻底推翻了唯西方的发展标准，认识非西方的自然生态和文化传统对发展的作用和价值，也对“发展即增长”“发展即现代化”的发展观提出了挑战。传统与现代、东方与西方、落后与发达终于在发展人类学的视域中搭起了一座桥梁，发展研究也不再囿于发展中国家，而是将关注点转移到整个人类的发展，传统发展标准在发展人类学的冲击下，将会有新的诠释。

如果发展人类学的任务只是诠释，那么发展人类学到底是一门学科？还是关于发展的人类学？倘若是后者，那又有什么人类学不是关于发展呢？从研究范式的角度来看，发展人类学并没有突破传统发展理论的范式，发展人类学家例如沃勒斯坦就认为，“所有的人类学家都声称，十九世纪末，在殖民势力控制的世界经济体系里，边缘区域内部存在着这样一种现象：正式国家犹如被压在真实政治实体下的薄层，而这些政治实体又被称作传统政治结构。一个人类学家研究无首领社会的出发点与一个历史学家研究中欧如出一辙（中欧被认为是一个原始的、虚构的政治文化实体，这个实体在整个真实社会中‘治理’社会生活）①”。

4. 发展社会学

1968 年，奥莱里欧·佩切伊（Olive Lai）发起成立了罗马俱乐部，该俱乐部的成立对“有增长无发展”的模式提出了猛烈抨击，

① Immanuel Wallerstein, “The Development of the Concept of Development”, *Sociological Theory*, Vol. 2, 1984.

奥莱里欧·佩切伊认为“技术上的解决办法可以定义为‘仅仅需要自然科学技巧方面的变革，而无须考虑人类价值或道德观念方面的变革方式’。今天有许多问题并没有技术上的解决办法。例如核军备竞赛、种族的紧张状态和失业。即使社会的技术进步把所有期望的事情都付诸实现，还存在技术上所不能解决的问题，而这些问题的相互作用的结果，最后还会带来人口增长和资本增长的终结”[①]。也就是在这种文化氛围之下，发展社会学应运而生。

对于发展社会学的内涵，基本上是众说纷纭、莫衷一是。王义祥认为，“发展社会学研究的主要对象是发展中国家的社会变迁过程。从广义上说，发展社会学还包括对世界历史上的工业化和城市化等社会变迁一般规律的研究。发展社会学的研究范围，往往涉及发展经济学和发展政治学的领域，不过发展社会学主要是从社会整体的角度来研究政治、经济、文化等社会不同组成部分及其相互之间的关系对社会发展的影响，而不是局限于某个专门领域内”[②]。从狭义上来看，更多人认为发展社会学最初的形态是现代化理论。[③]

现代化理论在20世纪50年代由美国一批学者创立的，是发展社会学理论最具影响力的理论，也是发展理论的核心理论之一。现代化理论的源头可追溯到社会进化论，社会进化论认为社会处在不断地进步发展中，社会分化是社会进化的主要内容，而且都用了不同的社会阶段对进步和发展作出了区分。比如斯宾塞的从“军事社会”到“工业社会”；滕尼斯的从“共同体”到“社会”；迪尔凯姆的“机械团结”到“有机团结”。这些都把社会的发展比喻为有机体的进化，从一个阶段发展到另一个阶段；后一个阶段总是高于前一个阶段。现代化理论继承了社会进化论的有关思想，比如也认为社会是不断发展进化的，也认为这种发展是可以通过不同的社会阶段表示，所以受此影响而把社会发展分为“传统”与“现代”两个阶段。分化

---

① ［意］奥莱里欧·佩切伊：《增长的极限》，李宝恒译，四川人民出版社1983年版，第172页。

② 王义祥：《发展社会学概论》，华东师范大学出版社1995年版，前言。

③ 景天魁：《发展社会学概论》，中国社会科学出版社2011年版，第4页。

与整合也是现代化理论的重要内容，艾森斯塔特（Shmuel N. Eisenstadt）就指出："就个人活动和社会结构而言，现代社会是高度分化和高度专门化的"[①]。

另一个影响现代化理论形成的是结构功能主义，其创始人塔尔科特·帕森斯（Talcott Parsons）致力于社会均衡的研究，他在后期运用结构功能理论对社会变迁做了很多探索，帕森斯本人也是现代化理论的先驱。他认为，现代化是欠发达国家从传统过渡到发达的状态的必经过程。现代化即工业化，工业化将导致世界统一的政治经济体系的建立。现代化理论几乎就是进化论与结构功能论的综合，可简单归为关键变项论和二元论两个方面。由于现代化被认为是一个开放、目标多样的过程，所以对现代化的定义一直没有统一的说法。关键变项，顾名思义指的就是通过一些关键的变项去定义现代化，比如现代化就是理性化或者工业化，当然这些关键的变项不仅仅只有一个，而是可以有多个的变项组成。罗斯托的《经济成长阶段论》堪称现代化理论的经典之作，他宣称现代化就是经济增长，但依然不否定现代化的其他价值。比如他认为美国的荣耀向来不是它的物质财富，而是它完成了无比艰难的任务，兼顾了自由与秩序。二元论是现代化理论的基本特征，"现代"和"传统"这对概念是最为典型标志，这对概念是从帕森斯的模式变量中产生。以此类推，现代化可以定义为"从特殊主义到普遍主义、从重视家世背景到个人成就、从功能普化到功能专化、从情感影响到情感中立"[②]。

60年代末，现代化理论自身存在着各种理论缺陷逐渐为人们所认识，它对发展中国家的发展和现代化缺乏解释力，更严重的是在现代化理论的指导下，很多发展中国家没有出现预期的发展结果，反而在实际上产生严重的不良后果。比如发展中国家奉行"增长第一"的发展战略却陷入了"有增长无发展"的尴尬局面，这不得不使发

① 河清：《现代，太现代了！中国——比照西方现代与后现代文化艺术》，中国人民大学出版社2004年版，第78页。

② 皮特斯：《发展理论：结构与重构》，谢明珊等译，韦伯国际文化出版有限公司2012年版，第35页。

展研究者反思现代化理论的天然局限性，由此产生了旨在解释发展中国家不发达原因的理论，即依附理论。依附理论的有关思想最早是60年代在拉丁美洲出现的，是在与新古典经济学派的争论中形成的。依附理论的基本思想是——进口替代战略不但没有达到预定的目标，而且离这一目标越来越远。这种失败的原因在于不发达国家对国家市场和外国投资的依赖性。经济学家普雷维什构建了依附理论的核心分析框架——中心与边缘，并且认为外围国家的经济发展，就必须以中心国家为基础，而中心与外围的划分标准在于经济水平与政治权力。

自70年代起，由于依附理论存在许多漏洞，难以使人信服，再加上“二战”后以国家分析为基点，运用比较手法对不同发展水平国家作比较的方法的普及。在这样的背景下，世界体系论诞生了，它是由社会学家华勒斯坦提出，对以前发展理论中各种观点进行批判与修正，无疑是长期以来各种社会科学理论交叉发展的产物。不同于依附理论，世界体系理论以“中心—半边缘—边缘”的分析框架取代了依附理论的“中心—边缘”分析框架，世界上每一个国家都是这个体系的一部分，因而，单个民族国家的发展命运与整个体系的命运息息相关，而体系的命运取决于资本主义经济固有矛盾所引起的经济发展周期。该理论认为发达国家的发达和发展中国家的不发达是由“中心”“半边缘”和“边缘”的空间关系造成的，既认识到发达国家和发展中国家在发展的空间性上的关系，也没有重蹈依附理论忽视发展的时间性的覆辙，对发展的时间予以重视，即对世界体系的周期性变动的关注。[①]

在国内诸多关于发展社会学的教材当中，世界体系都被当作一种理论来介绍，而对于沃勒斯坦而言，世界体系分析不是一个关于社会世界或关于部分社会世界的理论，它是对一些方法的抗议。世界体系分析坚持认为这种在世界范围内得到实践的社会科学研究方式，起到

① 景天魁：《发展社会学概论》，中国社会科学出版社2011年版，第105—106页。

了封闭而不是开放许多最重要或最令人感兴趣问题的作用。[①] 因此，沃勒斯坦（Immanuel Wallerstein）提出，世界体系分析的论点非常简明。三个认定的共同人类活动的领域——经济的、政治的和社会或社会文化的领域——不是独立的社会活动领域。它们没有独自的“逻辑”。更重要的是，它们的约束、选择、决定、准则和“合理性”的相互结合是那样的紧密，以致没有任何有用的研究方式可以按照经济、政治和社会的分类把“这些因素”分开。或仅仅讨论可变的一种领域就能不断地、绝对地领会其他两种领域。[②]这也是为什么沃勒斯坦对于社会科学界并不陌生的原因，多学科研究或跨学科研究已经成为社会科学研究的主流方法，各种交叉学科的兴起对于研究社会发展中出现的政治、经济、文化问题不无裨益。

对世界体系理论的诟病基本上与依附理论的类似，这两种理论都是针对资本主义体系，具有浓厚的以西方为中心的研究倾向。而世界体系理论最大的问题还在于，该理论使发展中国家的发展陷入无限的循环中。三元（中心、半边缘和边缘）的变化完全依据世界体系的周期性变化而变化，在体系的上升与下降中，不同位置的国家周期性地沉浮。所以，发展中国家的发展出路在世界体系理论中仍是不明确的，只有被动地在体系的周期性循环中等待奇迹发生。

在 20 世纪 70 年代末 80 年代初，发展社会学开始步入另一个崭新的发展阶段：由以往的互相攻击和排斥转为自我反省及纠正过激的假设。与此同时，各派亦尝试吸纳敌对门派的论点，以便提高其解释能力。[③]

发展社会学是跨学科研究的产物，它在吸收了经济学、政治学、文化学的基础上，建构了一个解释发展中国家之所以不发达的框架，可谓是发展理论的集大成者。有一点值得注意的是，不同于发展经济学家、发展政治学家和发展人类学家，发展社会学家更多的是学院派

① ［美］伊曼纽尔·沃勒斯坦：《沃勒斯坦精粹》，黄光耀等译，南京大学出版社 2003 年版，第 162 页。

② 同上书，第 168 页。

③ 徐泽民等：《西方发展社会学理论概述与评析》，《国外社会科学》2011 年第 2 期。

的社会学家，鲜有人参与发展中国家发展项目或者担任政府援外项目的咨询工作，这似乎也预示着发展社会学对发展中国家不发达问题解释力有限，进而也无法从操作层面上提供切实可行的政策与战略。

5. 发展教育学

如果沿用发展研究的逻辑，发展教育学也应该是一种应用性研究，也就是要解决教育发展中的各类问题。事实也正是如此，国外的教育发展研究起源于20世纪宗主国对殖民地教育与发展问题的研究，这些研究为殖民地的教育发展政策提供相应的理论基础。20世纪60年代，美国斯坦福等数所知名大学陆续成立了国际教育与发展研究机构，教育发展问题成为发展研究的重要组成部分。霍尔塞（A. H. Halsey）、弗劳德（Jean Floud）和安德森（C. Amold Anderson）主编的《教育、经济和社会》的出版标志着教育发展研究体系正式形成。虽然我国教育发展研究开展的时间并不长，但也产生了一批研究成果，主要可以归为以下三个方面。

第一，从比较的视角介绍如何发展教育的专著。例如许庆豫的博士论文《教育发展论：理论评介与个案分析》（2001），袁本涛的《发展教育论》（2005），王振权的博士论文《发展教育学》（2010），这些专著基本上使用了比较教育法，对发达国家或地区与发展中国家与地区的教育异同进行分析与总结。

第二，多学科视角下论述如何发展教育的专著。例如房剑森的博士论文《高等教育发展的理论与中国的实践》（1999）以及在此基础上形成的《高等教育发展论》（2001），肖昊《教育发展》（2004），卢晓中《现代高等教育发展论纲》（2005），黄林芳的《教育发展机制论》（2006），这些专著基本上站在哲学、社会学、经济学、管理学的角度谈谈教育发展问题，强调投入、资源、效益、质量、结构对教育发展起着关键作用。

第三，反思和建设发展教育学的论文和专著。例如邢永富《关于发展教育学的理论思考》，檀传宝《什么是“发展教育学”？——关于发展教育学及其研究的若干思考》，龙宝新《发展教育学：基于社会问题的学科建构》，檀传宝《发展教育学研究》，王振权《发展教育学》，这些论文和专著从发展教育学的意义，发展教育学的研究对象、研究方法、分析框架及其基本的概念出发试图构建发展教育学的学科体系。

在这些发展教育学专著中，基本上都强调以下三个核心观点。

一是教育发展包含教育增长，但不等于教育增长，尤其是经济学意义上的规模增长，以及教育对经济所带来的促进作用。教育发展应该还包括教育结构的优化、教育资源的均衡、教育民主化等。例如，肖昊在《教育发展》一书中开宗明义地提到“教育发展一般是指教育普及程度的提高、受教育机会的增加、受教育者文化水平的提高、教育资源配置的优化、教育投资效率的提高、教育结构的优化升级、教育设备的改善、学校师资队伍建设的加强、开展国际教育合作和交流的扩大以及教育决策民主化的推进等变化过程。”

二是教育发展问题是社会问题，也就是说教育发展光靠教育无法实现，对教育发展的思考应该基于对社会的思考，通过教育推动社会实践，从而解决教育问题。例如檀传宝在《发展教育学研究》一书中试图建构发展教育学，他将发展教育学界定为“研究、反思由于社会发展所引发的社会问题、教育问题及其解决的策略，以及如何自觉和主动地通过教育自身的变革去推进社会健康、和谐发展的一个教育学专门研究领域”。

三是教育发展含有“好”的价值判断。不同于生长、增长、改革、变革、变化等一系列的事实判断，发展具有价值判断。事实判断不会引起争议，而价值判断则是见仁见智。大部分关于发展的文献所呈现出来的价值倾向遵循一种简单的因果逻辑——因为发展是好的，所以教育要发展。

应当说，发展理论成为了一门综合性的研究领域，不同学科都在发展问题上找到了自己的问题域。需要特别说明的是本研究没有对发展哲学的相关研究进行专门综述，一方面是因为几乎所有发展学科的研究都离不开哲学的视角，都是基于不同学科视角下的哲学反思和批判，离不开对发展根本性问题的探讨，比如发展是什么？如何发展？谁来发展？这些问题每一个学科都会涉及；另一方面，本研究将会在后面的章节涉及发展哲学的相关研究。

（二）发展理论与高等教育实践

20 世纪 50 年代以来，随着世界各国高等教育事业的蓬勃发展，高等教育实践迫切需要理论的解释和指导，国外高等教育发展理论相继出现大量集中性研究成果。根据高等教育发展理论的内外部视角作为划分维度[①]，外部视角有现代化理论、依附论、世界体系理论；内部视角包括马丁·特罗（Martin Trow）的“高等教育发展阶段论”、克拉克·克尔（Clark Kerr）的“多元化巨型大学观”和天野郁夫（Ikuo Amano）的“制度类型论”等。

从外部视角来看，现代化理论是 20 世纪 50 年代首先由美国学者创立的一系列社会学理论，一批比较教育学者把它引入比较教育研究领域，集中关注各国教育与现代化的关系。一方面，现代化理论把发展教育作为促进国家现代化的关键，认为一个国家要实现全面现代化的前提是人口的现代化，即具有现代价值观的人，而教育对于人的价值观的形成具有不可替代作用；另一方面，现代化理论关注教育与国家现代化的关系更多的侧重于教育的经济价值。比如“人力资本理论”为教育在现代化中的重要地位提供了合适的注脚，舒尔茨认为教育对消费的贡献可分为对现在消费的贡献和对未来消费的贡献两大类，而教育的未来消费是一种生产性投资，教育为不断发展的经济提供所需要的人力资源，因此增长经济最有效的手段就是对教育的投资。[②] 现代化学者由此确立了教育投资——现代化教育——现代化的意识与行为——现代化社会——经济发展的发展模式。

依附理论同样也不是一个统一的理论体系，只是分散在各种有关“依附性”问题的著作中的一些概念和观点以及由此而形成的一套具有不同倾向的理论体系，它们的共同点是强调外部因素（国际力量）

---

① 白玫：《现代高等教育发展理论研究》，博士学位论文，华南师范大学，2010 年，第 50 页。

② 张人杰：《国外教育社会学基本文选》，华东师范大学出版社 2009 年版，第 260 页。

对发展的影响，但是在分析方法和政策建议上有许多差异。[①] 阿特巴赫（Philip G. Altbach）将依附论的分析框架“中心—边缘”用作描述发达国家与不发达国家大学中的依附状态，解释了中心大学与边缘大学不平等关系形成的原因，并认为这种依附状态很难根除。他认为中心大学与边缘大学之间的不平等关系的形成相当复杂，主要有大学的历史传统、语言因素、知识的生产与交流、人员流动等方面的因素。[②]

马丁·卡诺伊（Martin Carnoy）是教育依附论的另一代表，他在《作为文化的帝国主义》一书中提出发展中国家的教育是本国精英阶层和中心国资产阶级利益的反映，是中心国文化帝国主义的产物。特别是教育制度只不过是对西方教育模式的简单移植，并以拉丁美洲存在的“欧洲型学校模式”和“美国型学校模式”为例说明发展中国家的教育依然没有摆脱对西方发达国家的依附。世界体系理论是当代发展理论的重要组成部分，沃勒斯坦被认为是该理论的奠基者。本·戴维汲取了世界体系理论的核心思想，即“中心—半边缘—边缘”的结构并不是一成不变的，而是不断发展的，提出世界学术中心是不断变化的，经历从18世纪的英国到19世纪的德国再到20世纪的美国，在此过程中解释了学术中心的转移与各国高等教育机构的重大联系。同时，各国的大学发展受到了不同时期学术中心国家的影响。

外部视角除了借鉴发展理论的分析框架、思路之外，还包括借用其他学科的研究方法研究高等教育发展实践催生新的高等教育发展理论。生物学家阿什比（E. Ashby）以比较生态学的研究方法研究世界高等教育的发展历程，提出了著名的“突然变异说”“遗传环境论”等高等教育发展的新理论，其核心思想可用一句话来概括：“大学是遗传与环境的产物”。遗传是指大学历史传统，大学发展所面临的不断更新的社会环境是作用于大学的另一重要因素。“凡有办大学经验

① 薛理银：《当代比较教育方法论研究》，首都师范大学出版社1993年版，第169页。

② ［美］菲利普G. 阿特巴赫：《比较高等教育：知识、大学与发展》，人民教育出版社译，人民教育出版社2001年版，第33页。

的人都知道，大学的进化很像有机体的进化，是通过继续不断的小改革来完成的。大规模的突变往往会导致毁灭。大学的变革必须以固有的传统为基础。我们可以通过研究大学自中世纪直到现在的发展过程和今日世界各国大学的相互影响情况，来学习如何掌握大学的发展规律。"①

从内部视角来看，马丁·特罗在研究高等教育问题时，是以系统论为其研究的方法论基础，研究高等教育从精英阶段向大众、普及阶段过渡中的观念、职能、教学和管理等方面的质和量的变化，构成高等教育大众化理论。② 他在考察欧美国家高等教育发展过程后，以高等教育毛入学率15%、50%为判定标准把高等教育发展过程划分为"精英""大众""普及"三个阶段，认为高等教育从一个阶段进入另一个阶段，其系统的内部十个指标会发生质的变化，如管理、经营、财政、课程、教师录用以及培养、学生选拔、科研资助、师生关系等方面都会有所变化。

克拉克·科尔评析了历史上各种大学观之后，提出了"多元化巨型大学观"。简单来看，大学在纽曼那里是一个居住僧侣的村庄，大学在弗莱克斯纳那里是一座城镇，一座知识分子垄断的工业城镇，而多元化巨型大学是一座充满无穷变化的城市。③ 他指出，"多元化巨型大学是一个不固定的，统一的机构。它不是一个社群，而是若干个社群；本科生社群和研究生社群；人文主义者社群，社会科学家与自然科学家社群；专业学院社群；一切非学术人员社群；管理者社群。"④ 也就是说，现代大学无论规模、结构、目标、职能都已经发展为多元化、复杂化的机构体系。

从20世纪70年代开始，天野郁夫在借鉴国外高等教育理论基础

---

① ［英］阿什比：《科技发达时代的大学教育》，腾大春等译，人民教育出版社1983年版，第20页。

② ［美］胡特韦尔特：《发展社会学》，白桦译，四川人民出版社1987年版，第9页。

③ ［美］克拉克·科尔：《大学的功用》，陈学飞译，江西教育出版社1993年版，第26页。

④ 史朝：《国际高等教育发展理论述评》，《外国教育研究》1998年第6期。

上（特别是阿什比、马丁·特罗等人的研究），分析研究了日本高等教育的发展过程，并着重于高等教育大众化的研究。他参考了本·戴维关于职业结构、阶级结构和高等教育制度的相关研究，即高等教育数量上的发展要成为可能必须具备以下三个条件：（1）近代大学的诞生先于强大而稳固的中产阶级的形成；（2）高等教育成为社会流动的主要途径；（3）专门职业的产生很大程度依赖于高等教育，[①] 之后提出高等教育数量的增长不仅受 GNP 的影响，而且与职业结构、教育结构、阶级结构密切相关。天野郁夫的研究在中国产生较大影响，他针对马丁·特罗的“高等教育发展阶段论”提出的“制度类型论”，主要观点有：一国高等教育能够顺利发展，是否由精英阶段进入大众化阶段，关键取决于该国高等教育创办时期形成的“原型结构”。由于原型不同，不同国家有不同发展道路。美国有美国的道路，欧洲有欧洲的道路，要说明以前的高等教育发展过程，进一步要预测今后的方向时，需要提出“制度类型论”。即“相应其类型的不同，设定阶段转移的多重道路”。[②]

根据国外学者研究，可以把发展理论与高等教育实践的关系简单概括为两个方面，即前者解释或预测后者，前者规定或建议后者做什么、怎么做。至于如何解释或预测，如何规定和建议，不同的学者基于不同的发展理论自然给出不同的答案。比如本·戴维借用世界体系理论的分析思路解释了世界学术中心变化的一般规律，无疑可以对我国建设世界高等教育强国、创建世界一流大学等宏大愿想提供相应指导，因为世界高等教育强国、世界一流大学都离不开一流的学术，甚至可以认为成为学术中心是建设世界高等教育强国、世界一流大学的先决条件。马丁·特罗用“高等教育发展阶段论”描述美国高等教育发展进程中出现的各种变化和趋势，并以此作为高等教育发展的普遍趋势和一般规律来预测其他国家高等教育的发展，为后来者提供警示作用。应当说，“大众化”理论确实为我国高等教育发展起到理论

① 史朝：《国际高等教育发展理论述评》，《外国教育研究》1998 年第 6 期。

② 同上。

依据的作用，但是它的警示作用未引起应有的注意。

就国内而言，20 世纪 90 年代至 21 世纪初，高等教育理念（大学理念）成为高等教育发展理论的关注点，其中有不少学者从这个视角阐释了高等教育发展理论对发展实践的影响，代表性著作有卢晓中教授的《当代世界高等教育理念及对中国的影响》。该研究提出当代世界高等教育理念通过政策引导、财政牵引、国际合作、信息传播的途径对世界高等教育实践产生作用，列举了美国、日本、俄罗斯、马来西亚、印度五个国家分别在世界高等教育理念影响下高等教育实践产生了哪些回应。对中国的影响主要体现在国家高等教育政策法规以及高校教育教学改革。一方面，当代世界高等教育理念的形成主体在中国所进行的影响中国高等教育政策和法规制定的行动，具体表现为由世界银行专家组制定的《中国高等教育改革》《21 世纪中国教育战略目标》两个研究报告对中国高等教育政策的制定产生影响；另一方面，90 年代中国高等教育一些重大政策和法规的制定和出台或多或少受到世界高等教育理念的影响。比如有关高等教育扩招、高等教育自主权、高等教育经费筹措、高等教育民营化以及高等教育的合并方面的政策的出台过程和内容上都接受了当代世界高等教育理念的影响。

另外，卢晓中教授还在一篇论文里专门探讨了现代高等教育发展理念与高等教育发展实践的关系。他认为“高等教育发展理念是高等教育发展实践的先导”“高等教育发展实践是高等教育发展理念丰富和发展的源泉”“现代高等教育发展理念对高等教育发展实践的影响是与时俱进的，呈现出鲜明的时代特征”[①]。赵婷婷教授的专著《大学何为——理想与现实间的冲突及协调》也是一部论述大学理念与办学实践关系的研究，她认为大学一直徘徊于理想与现实之间，大学的产生和发展就是一部理想和现实不断冲突和协调的历史，大学理想与社会现实需要的矛盾是大学发展最根本的矛盾，这些矛盾深深地影响着大学实践的方方面面，造成大学实践中的诸多两难问题，包括

① 卢晓中：《简论现代高等教育发展理念与实践》，《高教探索》2004 年第 4 期。

教学与科研的矛盾、自由教育与专业教育的冲突、科学与人文的对立、学术自由的争议。陈洪捷教授从德国古典大学观的产生以及德国著名思想家对大学的论述回答了“何为德国古典大学观”，它的核心概念是修养、科学、自由、寂寞，并以蔡元培在北大的改革为例，着重指出其对中国大学的影响，包括新大学观与学术转型、新学术体制的形成。

部分著作是从构建高等教育发展理论的基本分析框架的视角来开展研究。比如卢晓中教授在《现代高等教育发展论纲》中通过介绍与高等教育发展问题关联较大的发展理论，探讨高等教育发展理念的理念内涵和高等教育发展理念的现代发展，论述高等教育发展战略的理论内涵和抉择依据，形成“发展理论——发展理念——发展战略”的研究逻辑框架，并以广东高等教育发展战略选择作为个案进一步深化和论证该研究体系。袁本涛教授的《发展教育论》介绍了社会发展理论以及这些理论在教育发展上的运用，重点以现代化理论、依附理论、世界体系理论等经典现代化理论解释了发展中国家教育发展模式的演进：本土化模式——依附发展——自主发展，形成了“发展理论——发展模式”的研究逻辑框架。房剑森教授的专著《高等教育发展的理论与中国的实践》把高等教育发展逻辑归结为“发展理论——发展实践——发展保障”三个部分，在发展理论部分就高等教育发展观、发展模式、增长方式、发展的动因分别深入研究。发展实践部分选择了规模、结构、质量、效益四个主题进行了探讨。知识经济时代背景下制度创新是高等教育发展的保障。

还有一些论文是围绕特定的主题展开。袁本涛教授在对中国高等教育整体发展道路的反思基础上，认为一个多世纪以来我国高等教育发展的一个基本特征就是依附发展，依附发展是几乎所有发展中国家在教育现代化初期都表现出的一个共同趋势。这种依附发展是必要的，促进了中国教育的发展与现代化进程。潘懋元与陈兴德教授的《依附、借鉴、创新？——中国高等教育学科建设之路》、刘志文教授《自主与依附的抗争：中国高等教育百年发展道路》、白玫博士的《依附理论视角下中国高等教育的历史与未来》都是对于中国高等教育发展道路是否依附的反思与探讨。关于马丁·特罗教授的“高等教育大众化理论”在20世纪90年代后开始为我国学者所注意，特别是在我国高等教育进入大众化时期之后，更是成为指导我国高等教育发展的重要理论依据，主要表现为全国各地均以高等教育毛入学率作为发展目标，甚至成为地方政府一项新的政绩指南。对于马丁·特罗教授大众化理论的误读与纠正是中国学者的要务之一。潘懋元、谢作栩教授通过考察中国高等教育大众化的实践过程，传播、验证和修正马丁·特罗教授的高等教育发展阶段论，提出中国高等教育从精英教育向大众教育转化的过渡阶段。[①]邬大光教授通过多次与特罗教授的零距离接触，间接还原大众化理论的本来面目，大众化理论不仅仅是关于高等教育规模扩张的量的理论，而且是关于高等教育发展目标的一种预警理论，同时也是描述高等教育活动变化的一种理论。[②]高夔芬的《重审马丁·特罗高等教育大众化理论》、方展画的《在社会经济发展背景下对高等教育功能的再认识——马丁·特罗高等教育发展阶段论的批判》、米俊魁的《析马丁·特罗高等教育发展阶段论的局限性》等论文都是对大众化理论的理论误读与实践误用的纠正。

综上所述，国外有关发展理论与高等教育发展实践的研究侧重于宏大的视角，对高等教育实践的影响亦多考虑整体意义上的，而并没有考虑发展理论对高等教育实践分层次的影响，比如对发展战略、发展道路及方式、发展政策等各个层面的影响。国内学者的研究已经涉及到发展理论对发展实践影响更为具体的划分，并形成了若干分析框架和视角。其中卢晓中教授探讨了发展理论与发展政策之间的关系，并以部分高等教育政策为例说明世界高等教育理念与高等教育政策的密切关系。不过该研究更侧重于对中国高等教育实践的多重影响，包

① 潘懋元、谢作栩：《试论从精英到大众高等教育的“过渡阶段”》，《高等教育研究》2001年第2期。

② 邬大光：《高等教育大众化理论的内涵与价值——与马丁·特罗教授的对话》，《教育研究》2003年第11期。

括方方面面的影响，并没有专门系统侧重于发展理论与发展政策的关系。卢晓中教授在《现代高等教育发展论纲》中构建了“发展理论——发展理念——发展战略”的分析框架，探讨过高等教育发展战略的理论内涵和抉择依据。本研究与该研究密切相关，可以认为是它的继承和发展，不过也存在明显的区别。该研究构建了现代高等教育发展研究的分析框架，是建设发展教育学科体系的一个尝试，对高等教育发展战略抉择依据的研究主要从各种宏观因素出发，包括高等教育的内在逻辑、社会政治、经济等因素。而本研究通过建构“发展理论——发展价值——发展政策”的分析框架是为了探讨发展理论对高等教育政策的影响。

（二）高等教育政策制定的理论阐释

相比于西方发达国家，我国教育政策研究起步较晚，在 20 世纪 90 年代才出现一批研究成果，关于教育政策研究的成果以袁振国教授主编的《教育政策学》和孙绵涛教授主编的《教育政策学》为代表。近年来，陈学飞教授提出了理论导向的经验研究路径，这是一种区别于传统定性研究与定量研究的分析路径，在该研究路径指导下产生了一批有影响力的教育政策研究成果，主要有《研究生教育制度渐进变迁》（茶世俊）、《高等教育重点建设政策》（张国兵）、《国家学科基地政策扩散研究》（包海芹）、《〈民办教育促进法〉制定过程研究》（程化琴）、《高等教育政策生产》（涂端午）、《教育政策过程中的策略空间》（林小英）等。

比如，张国兵在详细梳理重点高校建设政策变迁资料和相关理论的过程中发现政策支持联盟理论和分析框架对我国长期坚持并不断加强建设重点高校政策具有较强的解释力。他发现“在我国的高等教育系统中，存在着主要由政治精英和学术精英组成的高等教育重点政策的支持联盟，这个支持联盟为重点建设政策提供论证性的政策理念，并在重点建设政策项目中分享利益。这个联盟长期存在和稳定发展，成为该政策系统中的主导型联盟，同时也是重点建设政策的主要推动力量"。[①] 茶世俊通过考察我国研究生管理体制和教育制度，发现政府政策部门的"怕乱"心理是研究生教育体制改革和制度创新采取渐进而非激进方式的原因。政策部门担心如果改革创新步伐过大，将导致教育秩序混乱、培养质量下降、学历学位贬值、社会声誉受损等一系列不良后果。制度理性选择理论恰好能够为这种受到乱象约束且缺乏有效控制所导致的渐进提供一个富有解释力的分析框架。[②] 包海琴在研究制度主义理论与经验资料的基础上，将国家学科基地扩散看作一种组织行为的"同构"现象。研究者发现，从第一个理科基地的建立，到后续的各种学科人才培养、课程教学、文化素质教育、研究等基地，基地建设政策呈现出一种在部门之间持续扩散和趋同的过程。制度环境对组织的影响不仅体现在组织结构方面的趋同，还体现在组织的行为包括政策行为方面。[③]

还有相当数量的论文以各种理论解释着对高等教育政策制定的影响。张应强教授从新制度主义制度变迁的视角，分别从制度变迁的类型和路径依赖两个角度来探寻我国地方高校发展困境产生的制度根源，并提出相应的政策调整建议。[④] 邵泽斌、张乐天认为西方结构功能主义理论、科学革命结构理论、制度经济学关于制度变迁理论以及西方政策过程理论为理解教育政策的结构生成和结构变迁（变迁道路、途径、动力）提供了有益的分析框架。教育政策本身的复杂丰富性启示我们必须从结构和动态生成的角度对其进行理解和把握。教育政策结构由外围层、中间层、核心层三个部分组成。三个层面之间进行的复杂的交互作用决定着教育政策的不同类型和教育政策变迁的不同范式。教育政策结构变迁从变迁的道路上看，有"由外而内"与"由内而外"两种；从变迁的途径上看，有"路径依赖"与"路径创

① 张国兵：《高等教育重点建设政策研究》，北京大学出版社 2010 年版，第 6 页。

② 同上书，第 7 页。

③ 同上书，第 12 页。

④ 张应强、彭红玉：《地方高校发展与高等教育政策调整》，《高等教育研究》2008 年第 9 期。

新”两种；从变迁的动力上看，有“自然演进”与“理性构建”两种。[①]

刘荣以“利益相关者共同治理”为框架作为分析教育政策制定模式的一个尝试，从重新界定政府角色、多元参与、监督制约三方面设计利益相关者参与教育政策共同制定的路径。[②] 另外，也有学者从国际比较的角度介绍了国外教育政策制定的相关理论依据。比如叶富贵在《西方教育政策的历史和理论基础》一文中指出，从西方各国教育政策的历史来看，不同国家的文化传统、哲学特点和社会状况，不同时代的现实问题、公共舆论和理论思潮，都影响了教育政策。从教育政策的理论基础来看，哲学、法理、经济理论、公共政策科学左右着教育政策的发展方向，而且每一种理论又有众多的学派类别。以上是从各个理论视角解释一般意义上的教育政策制定[③]。

当然，也有论文是对某一项政策进行理论阐释。比如吴越以多源流理论作为分析框架，解释了《民办教育促进法》的政策议题形成过程。民办教育政策议题的问题源流是教育供给与教育需求的尖锐矛盾以及民办教育规模扩展引发的一系列问题；政策源流是政府官员、研究者以及民办教育举办者等提出的各种意见主张；政治源流是指党和国家“效率优先，兼顾公平”“科教兴国”以及“依法治教”等意识形态。[④] 沈伟则以渐进主义为视角，以中国代课教师清退政策为例，分析社会上各种力量在政策制定过程中扮演的不同角色及其相互作用，指出资源、合理性、合情性、能动空间可促进中国教育政策的渐进发展。[⑤]王邦永、黄清云借用霍莱特和拉梅什的政策工具分类理

① 邵泽斌、张乐天：《教育政策：一个结构主义的分析视角》，《教育理论与实践》2007 年第 6 期。

② 刘荣：《利益相关者共同治理视阈下的教育政策制定》，《现代教育科学》2011 年第 5 期。

③ 叶富贵：《西方教育政策的历史和理论基础》，《中国高等教育评论》2001 年。

④ 吴越：《多源流理论视野中的教育政策议题形成分析——以〈民办教育促进法〉为例》，《现代教育管理》2010 年第 1 期。

⑤ 沈伟：《教育政策制定过程分析：渐进调适的视角——以代课教师清退政策为例》，《教育发展研究》2010 年第 15 期。

论，包括自愿性工具、强制性工具、混合型工具三类，以文本解读的方式系统分析了民办教育发展不同阶段政策工具的应用情况，同时还分析了一些地方政策工具实践的具体个案。①

值得注意的是新制度主义当中最主要的一个理论流派，历史制度主义被广泛运用于解释高等教育各项政策的演变和发展。其中，朱家德、胡海清通过历史制度主义分析框架，认为影响毕业生就业政策变迁的深层结构是计划经济体制向市场经济体制转型，集权政治体制以及教育哲学由社会本位向个人本位的转变；制度呈现强劲的路径依赖主要是政府对毕业生资源的理性选择；政策变迁的动力是政府的立法行为以及毕业生自主择业能力的提升。② 类似的研究还有黄容霞的《我国高等教育质量保障政策 60 年——基于历史制度主义视角》；李子江、杨志的《我国高考加分政策演变的制度分析——基于历史制度主义的分析范式》；周光礼、吴越的《我国高校专业设置政策六十年回顾与反思——基于历史制度主义的分析》；徐书业、郭裕湘的《新中国民族教育政策演变的制度分析——基于历史制度主义的分析范式》。

总体来看，我国学者对于高等教育政策制定的理论解释虽然产生了若干成果，既有对一般意义上教育政策的理论阐释，也有对某项教育政策制定的分析。但是都套用西方政策学的最新理论成果作为分析的主要研究框架，这种分析路径难免会使中国高等教育政策制定的理论阐释变成西方政策学理论对中国的运用性研究。另外，这种理论阐释缺乏对未来高等教育政策的发展产生相应的预测作用。也就是说，这类研究并没有能够抽象出既具有解释力，又具有预测力的理论。

① 王邦永、黄清云：《民办教育政府扶持的政策工具分析》，《教育发展研究》2013 年第 11 期。

② 朱家德、胡海清：《建国以来我国高校毕业生就业政策的变迁逻辑——基于历史制度主义的分析》，《中国高教研究》2010 年第 4 期。

第二章　社会科学影响下的高等教育发展研究

发展理论是发展研究者对发展现实和未来问题的根本看法，经系统化、抽象化之后形成旨在高度认识和把握发展变化规律的知识体系。那么，不同的发展理论以及对发展理论本身的解读和认识就形成了理解现实和时代的不同钥匙。有学者就认为重要的发展理论同时也是政策框架，这种取径将涵盖到发展的策略。[①] 发达国家政策主张上的分歧也源于发展理论的不同，尤其是结构主义与新古典主义的分野。[②] 事实也正是如此，比如美国曾采纳凯恩斯主义的主张并直接作为当时国内经济政策。不过发展理论与发展政策之间的关系远不止这么简单，这也是本研究所要探讨和解决的问题。无疑，理清究竟有哪些发展理论，尤其与高等教育发展关系密切的发展理论是首先需要明确的。

发展理论（发展研究）兴起于20世纪四五十年代，正值第二次世界大战刚刚结束，世界各国普遍面临战后重建，如何治疗战争所带来的创伤以及重振昔日的繁荣是老牌发达国家急需面对的，而对于刚刚取得民族独立的国家，如何改变国家落后、贫穷的面貌，如何发展经济追赶发达国家也是迫不及待需要思考的。在这样的背景下，现代发展理论首先在发展经济学中孕育，以1950年由经济学家库兹涅茨

---

① 皮特斯：《发展理论：结构与重构》，谢明珊等译，韦伯国际文化出版有限公司2012年版，第6页。

② 张长春：《政策主张上的分歧源于发展理论的不同》，《中国投资》2012年第10期。

(Kuznets Curve)倡议建立的“经济增长委员会”为标志，并创办了《经济发展与文化变迁》，成为了发展理论的先驱。但是随后越来越多的发展经济学家发现，发展问题决不是经济学一家之事，仅仅依靠经济学是无法解决发展这个综合性问题，所以更多的学科被发展理论所引入和采纳，逐步形成了发展理论的学科群，主要有发展经济学、发展社会学、发展人类学等庞大的分支，最终发展理论也被冠之以“发展学”的称谓。

从理论范式来看，发展理论（发展研究）作为一个学科群，涉及发展经济学、发展政治学、发展社会学等学科的研究领域，它往往借鉴和沿袭其他学科的理论范式，深受其他学科的影响。总体来看，发展理论曾受到进化论、新古典主义、结构功能主义、马克思主义及新马克思主义等社会科学流派的影响，形成了相应的理论体系，并且都对高等教育发展研究产生了影响。

第一节 进化论影响下的发展理论

人类对发展的追求和关注几乎是与人类社会文明同步，无论是古代东方儒家学者笔下的“大同世界”还是西方哲学家眼中的“理想国”，都说明了发展是无时无刻不在的，只不过系统关于发展的研究和论述是近代以后的事，特别是进化论的产生标志着发展理论进入了新纪元。最早受进化论影响并对社会发展进行系统阐述的是社会学家孔德（Auguste Comte），值得注意的是孔德的老师圣西门（Saint Simon）的思想中或多或少已存有进化论的影子。圣西门强调实证科学对于人类社会发展的推动作用，推崇专家治国，尤其是知识精英应当成为社会的统治者。他还对社会的阶级进行了划分，认为社会主要由商人、官僚、科学家、实业家组成。他始终坚信人类社会的发展是进步的，经历了“有机时期”和“批判时期”，“有机时期”主要指古希腊时代、中世纪、实证科学时期，“批判时期”是“有机时期”之间的中间过渡，社会发展由一个有机时期进入另一个有机时期是在实证科学的推动下完成。他认为工业是社会的基础，是一切社会财富的来源，工业化是维持当前社会秩序的有效工具，而要实现工业化，人们不能再依赖传统的思辨式研究，代之以自然科学的实证主义研究方式。圣西门有关人类社会发展的思想可以说是进化论的萌芽，他还提出了发展的动力，这些思想都被其弟子孔德所继承和发展。

一 孔德的社会发展论

孔德身处动荡的时代，正是法国社会发生巨大变革时期，所以他特别关注社会秩序和社会进步，热衷通过重新建构知识体系以保持社会的稳定，“社会静力学”和“社会动力学”就是围绕着社会秩序展开，社会静力学侧重于如何维持社会秩序，社会动力学就是通过考察人类社会发展的各个阶段，揭示社会进步的过程和规律。孔德的社会静力学对人性的结构和一般社会结构进行了解剖，人性是由情感、本能构成，情感和本能决定了人类社会的起源。本能又分为个人本能和社会本能，个人本能即利己主义，社会本能即利他主义，人类的生活冲突不断就是由人的个人本能和社会本能之间的冲突造成的，最终导致政府的产生，政府就是为了调节各种冲突而存在，使社会秩序保持稳定才能进步。社会动力学是孔德在进化论影响下的重要理论成果。他经过前半生致力于人类社会历史研究后认为，“人类是按照一种虽然不像万有引力定律那样不可变更般，但也是一种必然的规律，是由内心的驱使而行动的”①。孔德认为自己发现了可与自然科学规律相媲美的人类智力发展规律：“我们的每一个主要观念，我们的每一个主要知识部门，都相继经历了三个不同的理论阶段：神学阶段或虚构阶段；形而上学阶段或抽象阶段；科学阶段或实证阶段”②。

在他看来，人类社会发展是进步的，社会发展进化是由人的智力和思想决定，他在《实证哲学教程》第五卷指出，社会历史从一个阶段到另一个阶段的过渡，从根本上说是由全部社会现实的各部门的矛盾所引起的，包括政治方面、经济方面和才智方面，但主要是才智

① 雷蒙·阿隆：《社会学主要思潮》，五南图书出版公司1991年版，第79页。
② 贾春增：《外国社会学史》，中国人民大学出版社2000年版，第29—30页。

方面。据此与人类智力发展三阶段相适应的人类社会的发展也经历了三个阶段，被其称之为“军事时期”“过渡时期”和“工业时期”。神学阶段是孔德三阶段中时间最长的时期，包括了远古时期以及中世纪的早期，在这个社会里，社会秩序是靠神权和军事来维持，神权使军事征服合法化。形而上学是神学和科学之间的过渡阶段，在这个阶段，人们对世界万物的解释开始由神灵转向更为抽象的理性、绝对精神等一系列更为抽象的概念，理性等法则成为稳定社会秩序的工具。实证时期是人类社会发展的最终归宿，实证的科学和方法成为了人类社会发展的动力，人们不再执着于虚无缥缈的神学和抽象的形而上学，开始直面事实和经验。工业社会的特征在这个时期明显呈现，实证科学为工业的发展带来革命，人类开始转向征服自然之旅。人类智力发展和社会发展三个阶段的划分以及两者之间的一一对应说明人类智力水平的高低决定了人类社会发展的阶段。社会的发展就是神学社会向工业社会迈进，科学家是工业社会的主导者，他们通过科学控制和影响社会环境从而推动整个社会的完善。

二　斯宾塞的社会进化论

19 世纪，进化论可谓风靡整个世界，在自然科学和社会科学中都产生巨大的影响，一度成为当时的主导学说。丰子义甚至指出：“近代社会的发展论基本上是用自然科学方法来研究社会发展、研究人类生活，进化论也就是发展论”[①]。最早在生物学界提出进化论是法国学者拉马克（Jean - Baptiste Lamarck），他有关进化论的主要观点有：其一，一切物种皆是由其他物种进化而来，人类也不例外；其二，物种进化的动力来自物种自身及环境作用；其三，一切物种都处在不断地进化发展之中。达尔文（Robert Darwin）在继承拉马克有关进化的思想基础上，通过大量的观察发现，地球上各式各样的生物是由共同的物种发展而来，任何物种都会发生相应的变异，物种会繁殖出超出环境所能承受的后代数量，所以物种之间存在着生存斗争，是

---

① 丰子义：《发展的呼唤与回应》，北京师范大学出版社 2009 年版，第 6 页。

自然选择促进了物种的进化，能够适应环境的有机体保留了有利变异，淘汰不利的部分，环境创造了新的物种。

然而，社会进化论可能先于生物进化论，有学者指出达尔文借鉴了社会科学的理论思想。在达尔文发表《物种起源》之前10年，斯宾塞（Herbert Spencer）就使用了“适者生存”这一术语。社会进化论的核心思想主要包括五个方面：1. 整体性，即研究对象是个整体，而非局部的；2. 变化的渐进性，因而坚决反对激进变化所产生的不连续性；3. 变化的内生性，即变化的动力来源于系统的内部；4. 不断增加的复杂性，即社会变迁就是从一个相对简单的社会形态变成一个复杂的社会；5. 单线性，即变化的整个过程都有个固定的方向。[①]不难看出，社会进化论是整个发展研究的思想起源，马克思的社会发展理论、现代化理论等这些耳熟能详的发展理论或多或少都存有社会进化论的影子。

社会进化论的代表人物首推被称作“社会达尔文主义之父”的斯宾塞，但似乎他本人对“社会达尔文主义”的称谓并不买账，斯宾塞的进化论思想由两个部分组成，“社会有机论”和“社会进化论”，所以有的学者称之为“社会有机进化论”。他把社会类比作“有机体”，无论是社会有机体还是生物有机体都受到进化规律的支配。社会有机体与生物有机体进化相似，都是一个量变到质变的过程。量的变化表现为社会有机体规模由小到大的过程，比如一个部落变成一个王国再到大帝国就是社会有机体规模的增长。质的变化表现为社会结构和功能越来越复杂化的过程，人类社会自原始社会进入工业社会，社会组织和功能的同一性被取代，社会的各个部门变得不可替代，社会组织出现分化和专门化，每一个分化的部分都有特定的结构和功能，体现了社会有机体从简单到复杂的进化过程。在量变到质变的过程中，社会组织之间的依赖性增加，不再像之前任一部分都可随意替代，变得更加脆弱，所以需要社会控制系统调节和稳定社会组

① ［英］彼得·华莱士：《发展理论导论》，李小云等译，社会科学文献出版社2008年版，第19页。

织。当然，对社会有机体的进化而言，他更为看重后者，即社会组织结构和功能复杂化。

斯宾塞认为不可知的“力”是推动万事万物运动变化的基础，从天体运动到物种起源，从无机领域到有机领域，从自然界再到人类社会，都不可避免受到这个“力”的支配，这个“力”就是“进化律”，由此可见，他坚信社会进化的存在。他又强调社会进化的前进与曲折、一般与特殊，社会发展的总体趋势是进步的，但是在某个历史时期或是具体的社会，社会倒退是可能存在的。同时，社会的进化不是线性的，而是发散的，这与他把外力当作进化的主要动力有关，进化虽然普遍存在于人类社会中，但是由于部分的受到不同自然环境和新的环境的影响，部分受到不同于先前社会环境影响，社会的进化呈现出发散之势。

“物竞天择、适者生存”是自然和社会进化的原始动力，正是这一动力和原则促使人类社会不断地由低级到高级、由简单到复杂发展。“适者生存”这套理论使他颇受资本家青睐。斯宾塞从社会进化论中找到灵感，基于社会的复杂程度和社会管理类型把社会划分为简单社会、复合社会、二次复合社会和三次复合社会和军事社会、工业社会，社会的发展进化是从简单社会到复合社会、到二次复合社会再到三次复合社会，或者是从军事社会进入工业社会。显然，斯宾塞的社会发展论属于直线式的，但是社会的冲突及其发展过程中不断出现的问题使他转变了最初的思想，他意识到整个社会的发展无疑是进步的，但也会不间断出现倒退。

达尔文的自然选择理论对斯宾塞的社会有机进化论产生了直接影响，其实两者都是在互相借鉴和吸收各自的思想。比如斯宾塞最后还是接受了达尔文的“自然选择理论”，而达尔文也在他的《物种起源》中发展了斯宾塞有关自然选择是物种分化驱动力的思想。但是，斯宾塞把生物学中的“竞争”“生存斗争”延伸到人类社会的竞争和斗争，甚至用来解释个人、种族、国家之间的优劣显然是不可取的。

三 迪尔凯姆的社会分工论

《社会分工论》是迪尔凯姆（Émile Durkheim）的博士论文，同时也是他社会发展理论的核心，主要探讨了个人与社会的关系以及是什么原因导致了社会的分化和劳动的分工。受到达尔文的进化论影响，他认为人口密度增加所导致的竞争是社会分化的主要原因。他曾引述过达尔文的这段话："这样，达尔文说，在一个对迁入总是开放的小区域内，个体之间总有必然的、尖锐的冲突，所以，在这样的区域内总能看到巨大的物种多样性"[①]。迪尔凯姆深受孔德的实证主义、斯宾塞的社会有机体说的影响，有机体论把社会当作一个有机体对待，社会是由特定的元素组成并形成相应的功能，并且社会是由低级向高级进化。所以他在《社会分工论》中最主要观点就在于：现代社会由各种特定元素所组成并形成相应的功能，它的形成是从更早的社会进化而来，新的社会形式会产生新的社会整合。随着现代社会的分化和社会分工复杂程度日益增强，人与人之间的关系变得不再那么依赖，现代社会呈现出以有机团结作为社会整合的核心力量。虽然当时的欧洲面临各种冲突和重构，但这种现象只是暂时的，会产生一个新的社会形式。既然社会是不断处在分化之中，那么人与人之间又是怎么团结在一起？

卢梭的"社会契约论"、孔德的"国家强力说"、斯宾塞的"自由竞争论"都是为了解决这个问题而提出，对于这个世纪难题，迪尔凯姆则提出了社会团结的概念，社会团结是指建立在共同道德、情感、价值观基础上的个体之间、群体之间联结在一起的纽带。受19世纪比较流行的二分法的影响，不同于孔德的社会发展三阶段论，他将社会划分为"机械团结"的社会和"有机团结"的社会，社会发展就是由"机械团结"社会走向"有机团结"的社会。在迪尔凯姆眼里，法律规范是社会道德的重要体现，而要对两种社会的本质进行

① ［美］乔纳森·特纳：《社会学理论的结构》，邱泽奇译，华夏出版社2001年版，第75页。

深入的研究，必须对两种社会的法律规范进行比较。因此迪尔凯姆选择了社会事实进行研究，并把它分为压制型法律和恢复性法律，前者是属于“机械团结”的社会；后者则是“有机团结”社会的特点。这种社会分工类型的区分实际上仍然是进化论的思想的延伸，也是现代化理论对“传统社会”“现代社会”划分的来源之一。

机械团结是存在于原始社会和农业社会当中，在这样的社会里，社会成员平均具有的信仰和感情的总和，构成了他们自身明确的生活体系，我们可以称之为集体意识或共同意识。机械团结社会的主要特征是社会成员之间的情感、信仰等存在着高度的一致性，因为此时的社会分工简单，每个人的生活经历都十分接近，相互不存在什么依赖，个人可以说淹没于集体之中，集体意识压制着个人意识，个人体现出对集体的绝对服从。与此相对应的是压制型的法律，强烈的集体意识把人们捆绑在一起，凡是违背集体意识、对集体产生冒犯或威胁的人都是法律惩罚的对象。惩罚也不是基于理性的考虑，而是出自道德义愤，惩罚的目的不是纠正越轨行为，而是宣泄受到伤害的集体感情。

有机团结则是现代工业社会的产物，与机械团结完全相反，正是因为现代社会分工高度分化，人与人之间、群体与群体之间的差异显著，每个人都在社会中有着自己的位置，履行着自己相应的职能，承担一定的责任，每个人都是不可替代的，人与人之间存在着高度的依赖，社会越是进化，人们之间的依赖性也越来越强。对有机团结来说，“每一个人都拥有自己行动范围，都能自臻其境，都有自己的人格。这样，集体意识就为部分个人意识留出了地盘，使它无法规定的特殊职能得到了确立。这种自由发展的空间越广，团结产生的凝聚力就越强。一方面，劳动越加分化，个人就越贴近社会；另一方面，个人的活动越加专门化，它就越会成为个人”①。与机械团结社会的压制型法律形成鲜明对比，有机团结社会是以恢复型法律为特征，恢复

① ［法］迪尔凯姆：《社会分工论》，渠东译，生活·读书·新知三联书店 2000 年版，第 91 版。

型法律，顾名思义，就是保护和恢复受害方的权利，使已经受损的社会关系得到恢复。因而犯罪行为不再被视为对整个社会的威胁，而仅仅是对被害一方权利的损害，惩罚是基于合理补偿的考虑。

社会发展就是由机械团结社会走向有机团结社会，即由传统社会迈入以工业化为主要特征的现代社会。那么由此而来的问题是什么原因或者说什么动力促使了这种转变？迪尔凯姆在《社会分工论》中明确指出，社会由机械团结向有机团结的转变是社会分工的结果。自然而然又引出了另外一个问题，社会分工又是因何发展？社会容量和社会密度是分工变化的直接原因，在社会发展过程中，分工之所以能够不断进步，是因为社会密度的恒定增加和社会容量的普遍扩大。社会容量是指一定地区人口的数量，社会密度是指人与人之间交往的频率和强度。如果人们之间交往的频率和强度增加，必然会导致人们之间各类竞争的加剧，为了避免残酷的优胜劣汰的发生，人类只好寻求劳动分工的精细化，使每个人都各尽其责，大大提高了专业化水平和工作效率，所以分工是整合社会的有效手段，同时也因为分工，人们之间的相互依赖性增强，这是形成有机团结社会的基础。不过，他还意识到并不是所有的社会分工都使社会进化发展，社会分工也被分为两类，常态的和病态的。只有常态的分工才会形成有机团结，病态的社会分工会导致社会秩序的破坏。病态的社会分工包括了速度过快的分工、不平等的分工和不协调的分工，它们可能会造成社会失范、社会解组，危害社会秩序，破坏社会团结。

最早注意到进化论对于高等教育发展研究意义的学者是英国生物学家阿什比，他的“突然变异说”“遗传环境论”是20世纪最有影响力的高等教育发展理论，对整个世界高等教育的发展具有较强的解释力。他在《科技发达时代的大学教育》中的一句名言被广泛引用，“大学是继承西方文化的机构。它保存、传播和丰富了人类的文化。它像动物和植物一样地向前进化。所以任何类型的大学都是遗传和环境的产物。”这句话是其理论思想最为核心的部分，阿什比首先肯定了进化论对于大学发展依然适用，认为大学的发展就如同生物体一样，是一个性质和功能都不断进化和改变的过程。这个过程并不是杂乱无章、无迹可寻，而是有规律可依。“凡有办大学经验的人都知道，大学的进化很像有机体的进化，是通过继续不断的小改革来完成。大规模的突变往往会导致毁灭。大学的变革必须以固有的传统为基础”①。在这个向前进化的过程当中，大学主要受制于两个方面的影响：历史传统和社会环境力量。

从世界范围内的大学来看，英国大学的人文主义传统、美国大学的功利主义传统、德国大学的理性主义传统，它们都是各国大学历史传统的重要组成部分。当外来大学历史传统的渗入以及社会需求的变化很可能会促动大学发生基因突变，使大学的形态和内核不断发生变化。正如阿什比指出，“当一种基因进入新的环境时，形态就会发生变化”②。比如，阿什比就认为各国的大学都吸收了德国大学的宝贵传统并且在一定程度上形成了适应本国传统的大学，甚至发生了基因突变产生新型大学。英国的大学接受了德国大学教学自由思想，而对研究高深学问却并不感冒，一方面因为英国的大学并不像德国的大学处于高度竞争的环境中；另一方面英国的传统始终强调培养有教养的绅士比具备高深学问的人更为重要。与英国截然不同的是德国的大学传统不仅在美国得到良好的继承并且发生了“基因突变”形成新型大学。美国人贯彻了“教学与科研相结合”“学习自由”等原则，开创了研究生院制度，丰富了大学的发展类型，成为世界高等教育发展的典范。

社会环境因素，具体指的是大学在发展过程中所面对的现实的社会政治、经济、文化等影响和制约因素。“就环境的角度看，那就是资助和支持大学的社会体系和政治体系。环境影响表现为两种主要力量：一种是学生要求入学的力量；另一种是雇主需要毕业生的力量。社会对大学资助的多寡，要靠社会对大学是否满意而定，而大学能否满足社会这两种要求至关重要。”③高等教育进化正是在社会环境中

① ［英］阿什比：《科技发达时代的大学教育》，腾大春等译，人民教育出版社1983年版，第20页。

② 同上书，第10页。

③ 同上书，第114页。

进行的，其中最重要的体现就是在不断地适应社会需求中改变自身的结构和功能，有时甚至会引领社会的变革和发展从而使社会需求发生改变。可以认为高等教育的进化绝不仅仅是单方面对社会环境的适应，而且是对社会环境主动建构的双向过程。美国高等教育的突变和进化堪称世界高等教育发展改革的成功范例，特别是风靡全球的"威斯康星"理念，使大学与社会生活之间建立更为紧密的联系，"为社会服务"成为了高等教育机构的基本职能之一。当前，人类社会正处在"以知识为基础"的知识经济时代，知识的发展程度决定了社会经济发展的命运。高等教育又是知识的生产、传播、创新的集散地，所以高等教育便具有了引领社会改革发展的"资本""社会的轴心""动力站"等称谓正是高等教育重大作用的体现。

另一位受进化论的思想影响并将其应用于高等教育领域的是美国高等教育学者克拉克·克尔，他在《大学的功用》里展现了美国大学发展的序列图，从传统大学到现代大学再到当代多元化巨型大学渐进式的发展历程。克尔眼中的"多元化巨型大学"是一个不断演化的复杂组织，是一个"从简单到复杂不断进化的创造物"，他对大学性质和作用演化的论述是达尔文的进化论在大学思想的成熟运用，这一特点在克尔的整个高等教育思想体系当中都有明显体现。他做了一个关于大学的类比，即大学在纽曼那里不过是一个居住僧侣的村庄，在弗莱克斯纳那里是一座由知识分子垄断的工业城镇，而当代的多元化巨型大学是一座充满无穷变化的城市。从这个类比中可以再次说明，在克尔看来，大学的发展包括了规模由小到大、结构和功能由简单走向复杂的过程。

第二节 新古典主义发展理论

20 世纪 60 年代以来，新古典主义开始走进人们的视野。新古典主义继承了古典经济学的基本思想，即把增长等同于发展，经济发展就是社会发展，经济发展的实质就是物质财富的积累，更极端的表现就是把国民生产总值作为发展的评价标尺。正如埃尔沃尔斯

(P. T. Ellsworth) 在《国际经济学》中谈道："经济发展问题实质上就是通过增加人均产出来提高国民收入水平，使每一个人都能消费得更多。"

新古典主义发展理论影响深远，表现为经济增长的发展观成为了这一时期主导的社会发展观。具体而言，该理论有关发展的基本看法主要有：第一，经济发展过程是一个渐进的、连续的、和谐的、累积的过程。经济发展的结果会令所有一般的收入阶层受益。因此，持续的经济增长是可能的，发展前景是乐观的。在他们看来随着经济的发展会出现纵向的"涓流效应"和横向的"扩散效应"，这两种效应会自然而然地促使经济发展的利益得到普及，自然而然地形成"帕累托最优状态"；第二，经济的发展是以边际调节来实现的，均衡状态是稳定的，市场价格机制能够有效地配置资源，是促进经济发展的最好机制。[①] 一方面可以看出，新古典主义仍然受到社会进化论的影响，即把经济发展过程看作渐进、持续的过程。新古典主义的代表马歇尔的名言"'进步'或'进化'，无论是工业的或是社会的，都不只是增加或减少，而是有机的增长"也是最好的印证；另一方面，新古典主义与古典主义的区别正是在于对经济发展前景的乐观，并不认为在经济发展过程中存在各种冲突，当然这也是新古典主义的明显缺陷，从而导致接二连三的质疑和批判。由于新古典主义发展理论主要表现为经济增长理论，下面就重点考察几个重要的增长—发展理论。

一　阿瑟·刘易斯的增长—发展理论

W. A. 刘易斯曾与 T. W. 舒尔茨在对发展中国家经济发展研究上开创了很多原创性成果，因而他们在 1979 年一同获得了诺贝尔经济学奖。刘易斯在《经济增长理论》中全面地论述了经济发展问题，这本著作也被视作发展经济学的基石。人均产量的增长是其《经济增长理论》的主要研究对象，他认为自然资源和人类的行为是人均

① 谭崇台：《发展经济学概论》，武汉大学出版社 2001 年版，第 131—133 页。

产量增长的决定性因素，他只负责研究人类的行为，人类的行为作为影响经济发展的因素又被分为直接原因和间接原因。直接原因包括人们从事经济活动的努力、知识的增长与运用、资本的积累，间接原因就是社会经济制度和意识形态等。第一个原因似乎不证自明，经济能不能得到发展首先当然与人们从事经济活动的主观努力程度有关，试想一下如果人们都不乐见于经济发展，甚至排斥和抵触经济发展，经济发展自然难以实现。不同国家、地区之间的人们对从事经济活动的愿望肯定是不同的。一方面与对财富渴望程度有关；另一方面受发展的自然条件所限，后者中以经济制度的影响最大。他对经济制度的分析可概括为三个方面：第一，经济制度要有利于保护人们从事经济活动的愿望。诸如，要有保证付出劳动多、担负风险大的人能够得到更多物质报酬的分配制度。第二，农业问题的重要性。发展中国家一般都具有宗教、奴隶制、家庭手工业的特点，这些因素是不利于经济发展的。他主张保护农业的租佃权，提倡大农业与小农田精细耕作，还要扶持家庭手工业。第三，经济与制度的相互作用。他认为，经济的发展过程就是资本主义化的过程，他口中的制度变化就是确立资本主义制度的统治。

知识的增长与运用也是推动经济发展的重要因素。在刘易斯看来，知识的增长与文字的发明、科学的方法有关，根据这两个维度，他把人类知识的发展分成三个时期：无文字时期，有文字无科学方法时期、有科学方法时期。“经济发展取决于知识的增长和运用，而知识的传播和应用取决于人们对新知识的态度，而知识的增长和知识的传播和应用都离不开知识分子，因此要根据经济的发展需要培养工农业技术和管理人才。”① 所以刘易斯强调对人力资本的投资，倡导发展中国家大力发展科教文化事业，培养经济发展各部门所需的各类人才。根据《经济增长理论》所述，发展中国家的经济是由现代资本主义和传统农业组成，由于传统农业的生产率低，存在大量的失业人口，这些劳动力自然会从传统农业部门流向资本主义部门，经济发展

① 王慎之：《当代资产阶级经济学流派》，吉林人民出版社1983年版，第368页。

的实质就是劳动力转移的过程，从传统农业走向现代资本主义，资本积累决定了这一过程的速率。国内储蓄是资本的最主要的来源，而它本身又来源于资本家的利润，因此，增加资本家的利润是扩大资本的直接手段，所以才要调整国民收入分配中利润的比例，有利于资本的积累。另外，在一定程度上增加税收、扩大信贷、引进国外投资都是有助于资本积累的手段。

与经济发展关系密切的还有人口、政府的因素。人口增长也是经济发展的有力因素。刘易斯不认同一些学者提出的发展中国家的“人口过剩论”，他相信人力资源是推动经济发展的重要力量，随着经济的发展，人口增长率也会随之下降。至于政府的作用，他主张政府有必要对经济进行有计划的调节和干预，反对自由放任不管，但是又反对政府对经济的全面管制，这种干预是一种灵活的形式，比如政府通过间接的税收手段对经济发展进行适当的调节。

二　西奥多·舒尔茨的增长—发展理论

西奥多·舒尔茨是20世纪最杰出的经济学家之一，他的经济发展理论对整个世界的经济发展都产生了重大的影响。他的经济发展理论主要可概括为两个方面：一是关于改造传统农业、强调农业的重要性；二是人力资本理论。

有意思的是舒尔茨对与其一同获得诺贝尔经济学奖的另一位发展经济学家刘易斯的以二元结构为基础的经济发展理论进行了批评，他反对轻视农业的看法，认为农业会对经济的增长产生作用，特别是反对刘易斯的传统农业中生产要素配置效率低下的观点。长期以来，不少经济学家都持这样一种观点：传统农业的落后是由于农民的愚昧，他们当中缺乏储蓄、投资的头脑，没法对经济的刺激做出有效的反应，这些是传统农业生产要素配置效率低下的原因。相反，舒尔茨通过社会学家的调查发现，传统农业社会中的农民并不愚昧，他们也很精明，他们手中的生产要素已经是最佳配置的状态，所以企图通过生产要素的重新配置来推动传统农业经济增长只能是妄想。如果传统农业社会的生产要素已经处于合理的状态了，那么是什么原因导致了经济发展的停滞不前？他的观点是传统农业的落后是因为对农业生产要素投资的收益率低。“一方面，在传统农业中，由于技术状况保持不变，因此持久收入流来源的供给是不变的，即持久收入流来源的供给曲线是一条垂直线；另一方面，由于农民持有和获得持久收入流来源的偏好和动机保持不变，因此持久收入流来源的需求也不变，即持久收入流来源的需求曲线是一条水平线。这样，持久收入流来源的均衡价格就长期在高水平上固定不变。正因为如此，传统农业的农民就不可能增加储蓄和投资，也就无法打破其长期停滞、落后的均衡状态①。”

因此，通过对传统农业的改造，发展现代化的农业是可以对经济发展做出贡献的，关键是如何改造传统农业。他根据生产要素把农业分成了传统农业、过渡农业、现代农业三种类型，传统农业是指农民世世代代都在使用的生产要素的农业，过渡农业处于传统农业与现代农业之间，现代农业是指采取了新的生产要素的农业。改造传统农业就是要引入新的生产要素，促使传统农业向现代农业转化。新的生产要素是农业促进经济发展的关键，引入新的生产要素要从制度供给、供给与需求、农民自身素质三个方面入手。制度上，要建立一套能够改造传统农业的制度，建立市场为主的资源配置体系，充分调动农民的生产积极性，政府不直接参与农业的改造，而是通过鼓励、引导的政策推动农业的转化；供给方面，科研机构的研究要符合本国的生产条件要求，使这种研究与发展“社会化”；需求方面，要帮助农民学会新的有用知识和有用技能。这一过程学习的方式有三种：试验法、在职培训法和正规教育法。农民自身素质的提高也是属于需求方面，实际上就是一种人力资源的投资。

人力资本的概念可以追溯到古典经济学家亚当·斯密那里，他将工人增进的熟练程度、节省劳动的机器和工具同样看作固定资本。学习的时候固然要花一笔费用，但这种费用，可以得到偿还，赚取利润。这实际上就是人力资本的雏形，他还对人力资本的收益进行了分

① 严明初：《评舒尔茨的经济发展理论》，《世界经济文汇》1990 年第 8 期。

析。舒尔茨在继承前人有关思想的基础上，通过考察农业国家与工业国家农民收入的对比发现，农民的收入水平与农民自身的知识和技能相关。传统经济增长理论认为经济的发展依赖于物质资本的增加，而传统经济理论又有无法解释经济增长的盲区，即国民收入增长与国民资源增长之间存在着一定的缺口。对人力资本的投资大概就是这个差额的主要说明。此时，人力资本概念在他脑中开始慢慢形成。

1960 年，他发表的《人力资本投资》的演讲标志着现代人力资本理论的正式形成，他把资本分成了物质资本和人力资本，人力资本就是知识和技能。人力资本理论的核心思想体现在他 1971 年和 1981 年出版的《人力资本投资：教育和研究的作用》《人力投资：人口质量经济学》两本著作中。第一，他认为劳动和人力资本是有本质区别的。“这两类资本都不是同质性的；实际上两者都由多种不同的资本形态构成，因而都是非常异质性的。”[①]而在传统的经济理论当中对人力资本与非人力资本是不加区别的，首先承认人力资本与非人力资本的异质性是其整个理论的前提。第二，人力资本可以从量与质两个角度去认识。传统研究过于关注人口数量对于经济发展的影响，比较忽视了人口质量的作用，舒尔茨则关注了质与量的统一。他认为，量的方面指一个社会中从事有用工作的人数及百分比、劳动时间，一定程度上代表着该社会人力资本的多少；质的方面指人的技艺、知识、熟练程度与其他类似可以影响人从事生产性工作能力的东西。[②]可以认为，将注意力从人口数量转移到人口质量上是人力资本理论的特征。第三，人力资本投入的范围和内容由五个方面组成：“（1）医疗和保健；（2）在职人员培训；（3）正式建立起来的初等、中等和高等教育；（4）不仅由企业组织的那种为成年人举办的学习项目，包括那种多见之于农业的技术推广项目；（5）个人和家庭适应于变

① ［美］西奥多·舒尔茨：《论人力资本投资》，吴珠华等译，北京经济学院出版社 1990 年版，第 174 页。

② 江涛：《舒尔茨人力资本理论的核心思想及其启示》，《扬州大学学报》（社科版）2008 年第 11 期。

换就业机会的迁移。”[①] 第四，增加教育投资是提高人力资本的有效手段，他认为教育对消费的贡献可分为对现在消费的贡献和对未来消费的贡献两大类，而教育的未来消费是一种生产性投资，教育为不断发展的经济提供所需要的人力资源，因此增长经济最有效的手段就是对教育的投资。

三 赫希曼的不平衡增长理论

赫希曼是德裔美籍经济学家，曾是美国哈佛大学等多所著名大学经济学教授。他在《经济发展的战略》中反对结构主义的平衡增长论，提出了不平衡增长理论。当然新古典主义强调不平衡增长论者不止赫希曼一人，普雷维什主张优先发展进口工业，费尔德曼侧重发展重工业，罗斯托强调发展“主导部门”，还有佩罗的“发展极”等，都是不平衡发展理论的代表。

平衡增长理论的主要代表人物有罗僧斯坦—罗丹、刘易斯等人，平衡增长理论是指发展中国家要对国民经济的各个部门都进行投资，使得各个部门都得到发展，发展中国家的工业化道路应是如此。平衡增长论认为，只有通过平衡的增长，通过扩大市场总容量和全面增加对各个工业部门的投资刺激，资本在技术上的、亦即在实物产量上的生产率才能在经济上产生效果，而任何一项单独的投资，如果孤立起来加以考虑的话，预期的报酬很可能是令人泄气的，至少不足以吸引人去购置更多更好的设备。它的主要依据是国民经济各部门之间存在整体性和相互依存性，因为社会需求也是整体性的，决定了国民经济各部门之间的不可分割。同时，国民经济各部门的平衡增长会产生一定的规模效应。赫希曼明确反对平衡增长理论，他认为这不是一种发展理论，发展是从一种较低的经济形态进步到更高的经济形态的过程，而平衡增长论违背了发展的初衷。平衡增长理论忽视了现代工业经济与传统经济的巨大差异，硬生生把两者重叠在一起，因此这绝不是发展。在他看来，发展是一种不平衡的连锁的演变过程。在这个过

① 同上书，第9页。

程中，通常是一个行业优先发展造成的不平衡，引发另一些行业的发展。“经济增长是沿着一条不平衡的道路，平衡的恢复是压力、诱因和强制的结果，指向经济发展的道路必然是无序的，发展是一条不平衡的铁链”①。

不平衡增长理论主要包括“引致投资最大化”“联系效应”两大原理。如果一个发展中国家的资源有限而又存在多个投资项目，那么根据不平衡发展理论该如何对这些项目进行优先选择呢？为了解决这个问题，他区分了两种投资的形式，替代选择和延迟选择。替代选择是决定投资项目决策，选择哪些项目进行投资；延迟选择是确定投资项目之间的顺序的选择。他强调后者多于前者，认为发展中国家真正缺乏的不是资源本身，而是运用这些资源的能力和手段。如何选择投资项目的顺序应当遵循的是“引致投资最大化”原则，即能通过自身的发展“引致”其他项目也出现最好、最快的发展，这样的项目理应被优先选择。他试图用“社会分摊资本”和“直接性的生产活动”之间的关系去解释“引致投资最大化”的原理。用于社会基础性投资的资本又称为“社会分摊资本”，直接用于工业、农业等生产部门的投资就是“直接性的生产活动”。在发展中国家，不能对“社会分摊资本”与“直接性的生产活动”同时都进行投资，所以必须对两者的发展顺序进行选择。传统理论认为为了平衡增长，应当优先选择“社会分摊资本”，但是这却不能刺激引致投资。为了实现引致投资，追求更大的发展，赫斯曼认为理应选择直接性的生产活动。

联系效应，是指国民经济各部门之间存在的关系，又分为前向联系和后向联系。一个部门与向它提供投入的部门之间的关系叫作后向联系，比如钢铁工业的后向联系就是采矿业，牛奶产业的后向联系就是畜牧业。前向联系就是一个部门与吸收它产出部门的联系，比如钢铁工业与汽车制造业之间就是前向联系。赫尔希曼认为，凡是有联系效应的产业，不论是后向联系还是前向联系，都能够通过这个产业的扩张而产生引致投资，引致投资不仅能促进前向、后向联系部门的发

① 陈郁：《评赫希曼的不平衡增长理论》，《上海经济研究》1985 年第 6 期。

展，它反过来还可以推动该产业的进一步扩张，从而使整个产业部门都得到发展，实现经济增长。引致投资不仅可以为私人企业家提供获取新利润的机会，使私人投资和生产迅速发展，而且可以对政府产生压力，促使政府为实现“引致决策最大化”而采取行动。根据这个原则，发展中国家在选择优先投资的产业时应当考虑“引致投资最大化”，而在选择优先投资的产业部门时就要遵循联系效应的原则。

关于平衡增长与不平衡增长的关系也是赫希曼阐述的议题。他首先对平衡增长理论表示异议，认为这不是发展中国家应当选择的发展路线，他为发展中国家选择的是不平衡增长战略。但是，他并没有把平衡增长与不平衡增长绝对对立起来，而是针对发展中国家而言，它们处于发展初期，资源相对缺乏的情况下，选择不平衡增长策略是符合实际的。所以，不平衡增长与平衡增长不是非此即彼的，而是要针对不同的时期、不同国家选择更为合适的发展理论。当经济获得一定发展之后，平衡增长或许会成为经济发展的更好道路。

四 金德尔伯格和赫里克的经济发展论

金德尔伯格（Kindleberger C. P.）和赫里克（Herrick B.）在1958年出版了他们的合著《经济发展论》，这是一本全面论述发展经济学相关理论的专著，试图建立新古典主义经济发展理论体系。值得注意的是该书对经济增长与发展进行了简单的区别，“经济增长指更多的产出，而经济发展则除了更多的产出，还包括产品生产和分配所依赖的技术和体制安排上的变革。经济增长包括由于扩大投资而获得的增产，同时还包括由于更高的生产效率，即单位投入所生产的产品的增加。经济发展的含义则不止这些，它还意味着产出结构的改变，以及各部门间投入分布的改变”①。不过，他们还是承认在某种场合两者作为同义词使用是完全可以接受的，也就是在经济发展的初期，经济的增长就是发展，而且很难想象没有增长的发展。《经济发展

① ［美］金德尔伯格、赫里克：《经济发展》，张欣译，上海译文出版社1986年版，第3页。

论》最重要的部分是对以往的经济发展理论进行了批判性分析，包括李嘉图（David Ricardo）的增长模型、哈罗德—多马模型、阶级结构和储蓄、新古典增长模型等。研究增长模型的目的是为了使人们更为关注增长过程中的最基本的因素以及各要素之间的关系。土地、资本、劳动力、组织、技术、规模等都是经济增长的最基本因素。

《经济发展论》指出，资本可以代替土地但不能说明土地不重要，发达国家由于有着充裕的资本可用于改变其现有资源的性质和能力，并能以人类的活动和创造性去替代大自然的吝啬，其土地相对地不甚重要；对于缺乏资本与技术革新的传统不发达国家，土地显得特别重要。物质资本被视为经济增长的重要因素是传统经济学的观点，而且无论在穷国还是富国都是一种稀缺的资源，它以生产资料形式存在，像机器、建筑物等。《经济发展论》把劳动分成“简单劳动”和“人力资本”，前者是指任何人都能进行的非技术性工作，后者是通过投资形成的。当然，这两种劳动在工人身上是共存的。所以，“总劳动投入就要同时考虑两个部分，一是所有被假定为只能从事不熟练工作的工人数；二是以不同形式体现在这些工人身上的人力资本存量。”① 人力资本投资包括正规教育、在职训练、医疗保健等，正规的教育主要是指学校教育，在职的训练是为了获得某种技能，医疗保健是为了更好地形成人力资本。

“组织可被定义为包括一个经济活动的创始组织和随后的管理，并在任何特殊情况下包括可能的承担风险和革新等方面。这样，组织就包括对关键的和日常的事务作出决定，还包括要确保作出的决定在工作进行中取得成果这一难以形容的任务。”② 组织的作用是把各类生产要素以正确的比例结合，提出发展目标，并且监督目标的完成情况，企业家、经理、冒险者、决策者、管理人员和老板是从事组织工作的人，这些人被认为是低收入国家中的最稀缺资源，不过，这也并

① ［美］金德尔伯格、赫里克：《经济发展》，张欣译，上海译文出版社1986年版，第115页。

② 同上书，第130页。

不奇怪，因为每一种要素都有人认为是最稀缺的资源。政府、国营企业、私营企业都是组织的类型，当然，不同类型的组织的作用是不同的，比如政府的作用主要是提供公共产品。技术变动是促进经济增长的重要因素之一，虽然此前一度不被人们所意识到，比如卡多尔（Kal－dor）就反对把技术进步视为经济增长的源泉。技术变动已经成为经济增长的一个重要方面。技术变动的价值体现为较少的投入生产一个既定产出。

熊彼特（Joseph Schumpeter）区分了技术的发明和革新。发明是指新技术的发现，革新是指把发明实际用于为市场而进行的生产。仅仅只有发明是不够的，还要有革新使技术变动生效，这个过程持续的时间很长。模仿是最廉价的，但实质并非技术变动。革新可以降低成本、增加需求。金德尔伯格认为经济发展还包括了市场规模扩大、产业结构转换。生产规模受市场规模的限制，市场规模的扩大必然伴随着生产规模增大，从而提高了生产效率。产业结构的转换主要是农业向制造业和服务业的转换。

在新古典主义发展观的作用下，人类进入了历史上发展最快的黄金时期，世界经济获得了前所未有的增长，人们的生活水平得到极大的改善。但是，与此同时也带来了不少恶果，比如贫富差距拉大、人口增长与资源短缺、生态环境的恶化、社会传统价值的颠覆。当然，并不能完全认为这些是经济增长造成的负面影响，不过这也的确是一味追求经济增长的片面发展观而忽视了发展的其他内容。同样，高等教育作为社会的一个子系统，毫无疑问也受到当时以增长作为发展价值的社会主导发展观的影响，“增长＝发展”也成为高等教育发展的主要依据。人力资本理论的流行使人们普遍相信，高等教育规模的扩大、数量的增长必然会促进经济的高速增长，增长成为了“二战”以后世界高等教育发展的主旋律。

20世纪50年代后世界各国的高等教育规模扩张显著。美国社会学者马丁·特罗在对美国高等教育发展研究基础上提出了“高等教育发展阶段理论”，其实质就是关于高等教育增长规律的研究。在他看来，增长是战后高等教育发展的最显著特征，在量的增长上，他把高等教育毛入学率15%和50%作为数量增长的两个临界点，当高等教育毛入学率增长到15%和50%的时候，高等教育从发展的一个阶段进入了另一个阶段，高等教育大众化成为了世界高等教育发展的主要趋势，这种把增长作为发展主导价值的发展模式陆续从美国蔓延到欧洲以及亚洲各国。最早进入大众化的美国高等教育毛入学率从1940年的15.68%到1950年达到29.88%，高校数到1950年增至1851所，数量上的增长成为高等教育发展的主要内涵。

在这一时期，法国的高等教育也呈现突飞猛进式的发展，学生数和教师数激增。全国大学教师从“二战”前的1568人（1939年）持续增加到7950人（1959年）；同期的大学生人数也从55457人分别增加到192128人和837776人（1977年）。[①] 在亚洲，韩国出于“教育兴邦”的考虑，大力发展教育，特别是20世纪50年代韩国高等教育发展迅速，学生数在1953年到1959年期间增长了93%。[②] 迅速增长也是印度独立后高等教育发展的重要特征，受人力资本理论的直接影响，印度高等教育发展迅速，高校数、学生入学率获得了显著增长，分别从1950年的843所、0.42%增加到2185所、1.10%。[③] 然而，高等教育自身却陷入了“有增长而无发展”的困境，而且“在有些情况下，教育的增长似乎不但与经济倒退而且与政治不稳定、社会不安宁的局势的扩展有关”[④]。据UNESCO统计在1960—1975年之间，第三世界的国家的第三级教育入学人数由260万增加到1180万人。由于当时的高等教育发展计划是基于“增长=发展”“高等教育发展必然促进经济发展”的乐观主义基础之上，而事实上，经济发展水平并没有获得相应的提高。在这样的情况下，市场未能给大学毕业生提供合适的工作，大量毕业生受到结构性失业的困扰，“文凭

① 黄福涛：《外国高等教育史》，上海教育出版社2003年版，第251页。

② 卢晓中：《现代高等教育发展论纲》，广东教育出版社2005年版，第19页。

③ Jandhyala B. G Tilak、N. V. Varghese，“Finacing Higher Education in India”，*Higher Education*，1991.

④ 白玫：《现代高等教育发展理论研究》，博士学位论文，华南师范大学，2010年，第59页。

病”在这些国家蔓延。

比如，韩国在20世纪50年代的高等教育大发展超出了经济发展所能接受的范围，而且，获得发展的大多是与经济发展不相干的学科专业，以致教育发展与经济发展不适应，造成大量大学生失业、社会不稳定，有人甚至称之为“大学亡国”。科学技术的日新月异以及由此带来的经济产业结构调整、升级，引起就业市场对人才需求的类型、层次也是不断变化的，仅仅以扩大高等教育规模、提高高等教育入学率作为高等教育发展目标显然不能适应经济和社会发展的需求，所以高等教育增长并不必然带来经济的增长和发展。相反，如果一味地追求高等教育的增长，可能会对经济社会发展产生负面影响，也会对高等教育自身带来严重的后果，比如高等教育的学科结构不合理、高学历人才过剩，等等。此类问题产生的根本原因就在于“高等教育增长 = 高等教育发展”以及“高等教育发展必然促进经济发展”的发展观。

第三节　结构功能主义发展理论

结构功能主义是社会学理论流派之一，它认为社会是具有一定结构或组织化手段的系统，这个系统是各部分以有序的方式相互关联的整体，社会整体的功能是由组成的结构方式决定的。作为一个社会学的理论流派，它有一些基本的特征。

在研究层次上，结构功能主义的研究对象是作为整体的社会，即把社会结构作为基本的分析对象，这个可以通过它对“系统”范畴的强调得以体现。在研究方向上，结构功能主义在解释社会现象时强调的是社会系统的现存结构，而不是其产生的历史过程及其在维持系统生存中所发挥的社会效果。在研究主题上，结构功能主义关注一个社会系统维持其存在和运转的基本条件以及如何满足这些条件。在研究方法上，结构功能主义有其独特的结构功能分析法，这一独特的方法也在其他学科流行，也推动了其他学科理论的发展。

美国社会学家帕森斯（Talcott Parsons）是结构功能主义代表人

物，结构功能主义也是他提出的具体名称，他的结构功能主义思想主要体现两部巨著：《社会行动的结构》和《社会系统》。

一 社会行动结构

对社会学方法的讨论是《社会行动的结构》的重要内容之一，帕森斯主张用“分析现实主义”建构社会学理论，主要表现为他坚持用抽象的概念来分析社会学。在帕森斯那里，抽象概念分析社会学就是要把概念变成能反映“现实世界”重要特征的连续整体，而研究的目标就是用概念形成理解社会重要特征的分析框架。所以，帕森斯和韦伯一样，主张理论应当细致地划分社会现象，使其范畴化，并能够反映社会现象的重要特征。

按照这种研究范式，帕森斯开始了他的社会学研究。和早期的社会学者的研究目标一致，帕森斯依然将社会秩序作为社会学的核心论题，社会行动是其研究的切入点。意志性和目标导向是行动的最基本特征，行动是主体为了完成目标所采取的动作。由此帕森斯认为社会行动是由目标、手段、规范三个要素组成，目标是社会行动的预期结果。状态是制约和影响行动者实现目标的环境因素。状态根据行动者能否控制和利用，又可以分为手段和条件。顾名思义，手段属于行动者可以控制和利用的环境因素，而实现目标的手段可以是多样的。而条件是指行动者不能控制和利用的环境因素，条件又包括自然条件和社会条件。规范是指行动者在完成社会行动过程中要遵循的各种标准。目标、手段、规范构成了帕森斯社会学研究的逻辑起点。

帕森斯用他的研究逻辑考察了以往的社会学理论，这些社会学理论和流派被他概括为实证主义和理想主义两大类。在他看来，实证主义流派只把行动同一定的环境状态和社会结构相联系，忽视了规范取向在行动构成中的作用。与实证主义不同，理想主义的缺陷刚好相反，即过于强调价值规范作为行动的出发点，而忽略了其他有关因素。帕森斯认为，在人的行动中，社会结构和规范取向是同等重要的两个因素，人们行动目标的确定和完成同时是受社会结构和规范取向的制约。①

二 社会系统

一般认为帕森斯的社会发展理论主要包括社会行动的结构和社会系统理论组成，两者虽有较大的区别，但是也不否认两者的内在联系，可以认为，后者是前者的深化和发展。因为人的行动绝不是一种独立的行动，而是一个完整的行动系统，人的行动都是处在一定的行动系统当中。帕森斯用系统的思想来分析行动，把行动系统分为了有机体系统、人格系统、社会系统和文化系统。显然，帕森斯对社会系统的分析，采用了结构功能分析法，结构功能理论的优势在于能够从宏观上把握社会系统运动。帕森斯认为结构功能论包括两个重要方面：识别社会系统及其子系统的基本功能；分析满足这些功能需求的特殊社会结构。在他看来，"结构"可以使得零碎的关于系统的某个部分的知识连贯起来，但是"结构"并不是分析的目的，社会学还要在"功能"的基础上发现动态过程的机制。结构是由要素及要素间的关系组成，结构功能分析也绕不开这些要素及要素之间的关系。集体与组织是社会构成要素，社会制度是维持集体与组织最稳定的工具。很明显的是结构功能分析已经触及了社会系统的矛盾关系，而帕森斯的目的就是要找到维持系统价值系统和制度统一性的办法。

也就是说，无论社会系统多么复杂，都必须存在最低限度的一致性，否则整个社会大系统就运转不下去。在这一点上，帕森斯使用内化与制度化来解决社会系统一致性的问题。他认为，内化是文化价值取向和角色期待被人格系统吸收的过程。在这个过程中，个人需求意向受文化价值取向和角色期待的引导，个人通过内化而成为一定文化模式下的合格社会成员。在说明社会系统一致性时，帕森斯使用的关键词是"制度化"。被内化的价值等因素使行动者发生符合角色期待的行动，这时的行动就是制度化了。通过制度化这一运作机制，各种社会角色分别按照一定的方式组织起来形成社会体系。在说明文化系

① 童星：《发展社会学与中国现代化》，社会科学文献出版社2005年版，第76页。

统一致性时，“互动”被使用。所以，整个大系统是通过“内化”“制度化”“互动”达成一致。

他认为，社会系统为了保证自身的维持和存在，必须满足四种功能条件：1. 适应（A：adaptation）。确保系统从环境中获得所需资源，并在系统内加以分配，经济是最与适应接近的领域；2. 目标达成（G：goal attainment）。制定系统的目标和确定各目标的主次关系，并能调动资源和引导社会成员去实现目标，政治与政府是明确与目标达成相联系的社会领域；3. 整合（I：integration）。使系统各部分协调为一个起作用的整体；4. 潜在模式维系（L：latence）。维持社会共同价值观的基本模式，并使其在系统内保持制度化。帕森斯的AGIL模式可以明显地反映出社会系统从抽象层次到具体层次的不断延伸。这四项基本功能由四个系统一一对应，经济系统履行适应环境的功能；政治系统的功能是目标达成；社会系统担负着整合功能；文化系统执行模式维系功能。正是社会组成的四大系统分别发挥着各自对于整个社会系统相应的功能，通过不断的分化与整合从而维持着整体动态均衡的秩序。显然，在这里结构与功能同一。

AGIL是社会的四个基本功能，充分发展AGIL的功能是社会稳定和发展的基础，AGIL主要意义如下：1. 功能分化。社会的每一个部分都行使一种功能，任何一个系统都可被分成四个部分，由此带来的是不断的社会分化；2. 功能对应。经济系统履行适应环境的功能；政治系统的功能是目标达成；社会系统担负着整合功能；文化系统执行模式维系功能；3. 功能动态。一个周期的AGIL被完成后，社会就会向前发展，一个循环的完成意味着一个发展阶段的结束，导致社会变迁和发展；4. 功能交换。四个子系统之间存在着信息和能量的交换。①

结构功能主义对教育发展理论的影响最早体现在教育社会学以及比较教育学领域。结构功能论认为，为了使社会保持稳定的秩序，防止社会出现四分五裂，就需要全社会拥有共同的价值规范，这种共同价值规范的形成需要每一个人的意识中都充满了社会道德的意识，显

① 童星：《发展社会学与中国现代化》，社会科学文献出版社2005年版，第79—80页。

然社会道德渗透到每一个人的脑中实际上就是个体社会化的过程。在结构功能主义看来，教育作为社会系统的重要组成要素，自然肩负着相应的功能。教育的一般功能应该是："使儿童确立起在他所生活的社会里被某一群体种族、阶级、家庭、职业认为其所有成员都应具备的某些身心状态"①。也就是通过教育的社会化功能向社会成员传递共同的价值规范，使社会成员保持相似的思想、价值观，才能保持社会秩序的稳定。社会化成为了维持社会秩序的重要手段，个体经过学校这个社会化机构的训练，才能获得一个社会成员所需要的基本素质。学校的社会化功能包括个体的社会化和个体的角色分配。个体社会化的过程就是教育通过培养人们之间共同的价值、信念、各种规则达到维持社会稳定和平衡的目的。

教育除了社会化的功能之外，另一个重要的功能就是对个体进行选择。对个体的选择功能最初仅仅局限在教育对于学生学业成绩的区分，之后经一些学者的发展，选择更多地强调的是一种社会流动，教育起到了分层的作用。帕森斯尽管特别强调教育的社会化功能，但也开始关注到了教育的选择功能。他发现学校教育对学生最简单的区分就是成绩好与成绩差两类，成绩又被分为学业成绩和社会成绩，而不同的成绩可以从事不同的工作。技术性的职业往往青睐学业成绩好；社会性的职业更需要在道德方面成绩好的学生。这种以成绩为标准的区分制度实际上承担着选择的功能。

拉尔夫·特纳（Ralf Huettner）直接提出了教育的选择功能，他相信教育制度的实质就是选择，差别只是选择的时间、对象以及标准的不同。他在《赞助式和竞争式的社会流动与学校制度》一文中提出从政治上讲，让一些人收入微薄而无法改善自身状况是十分危险的。从道德上讲，把一个人放到他无法施展自己才华的地方，或者反过来，让一个人去担任他并不胜任的重要职务都是不公正的。希望促进社会流动性的人总是认为通过教育选择可以规划出一个更公正、更

① ［英］戴维·布莱克莱吉：《当代教育社会学流派》，王波等译，春秋出版社 1989 年版，第 17 页。

有效率的社会。①

厄尔·霍珀（Earl Hopper）也对教育的功能持同样的观点，他说："教育制度的结构，尤其是工业社会的教育制度，应主要从其选择过程的结构去理解。"他在《教育制度分类的类型学》一书中把选择分为三个阶段：将能力分为类型和层次、与此相适应的教学、分配工作或继续训练。选择的四个基本问题是：如何选择？什么时候选择？选择的标准是？选择的原因是？②

20世纪50年代以后，比较教育研究几乎被结构功能主义所主导，结构功能主义的理论框架成为比较教育的基本研究思路，即比较不同国家教育系统与社会系统和社会结构的关系，试图在跨文化比较研究中找出不同国家的教育与不同的社会系统的组合方式。美国学者安德森最早将结构功能主义的思想引入比较教育研究当中，提出了在结构功能主义基础上建构比较教育学的分析框架。安德森特别关注教育系统，他认为教育是由特定结构组成并具有相应功能的系统。在结构功能主义者眼中，教育系统就是社会结构的重要组成部分，具有维系整个社会存在的重要功能。在他看来，比较教育的研究包括对教育系统本身的分析、对教育系统和社会系统的比较分析。前者主要研究教育系统内的各种因素及其之间的关系对教育系统的影响，后者主要探讨社会系统中的各种因素对教育系统的影响，涉及社会系统中的政治、经济、文化等。

从安德森对比较教育研究类型的划分可以看出，他已经运用了"结构——功能"的分析框架来从事比较教育研究，对他来说，教育系统不仅是社会系统的结构，同时也具有相应的功能。但是20世纪70年代之后，结构功能主义在比较教育研究中不再像以前那样受到追捧，甚至遭到一些批判：一是结构功能主义理论先天缺陷所决定，即结构功能主义热衷于维系社会秩序的稳定和存在，对改变和发展缺

① 赵长林：《教育与社会秩序——结构功能主义的观点》，《教育理论与实践》2003年第8期。

② 赵长林：《教育与社会秩序——结构功能主义的观点》，《教育理论与实践》2003年第8期。

乏热情，导致学校如何维持社会系统的稳定、保持社会的现状成为比较教育研究的主题；二是结构功能主义理论是立足于富国，也有利于富国。运用后该理论的后果导致马太效应的形成，穷国越穷、富国越富；三是结构功能主义理论更加强调教育系统作为整个社会系统的结构而存在，所以特别倾向于教育之外的社会系统因素对于教育的影响，忽视了教育系统自身的各种问题。

在高等教育发展理论上，帕森斯与另一位社会学家拉尔德·普莱特（Lal Plait）在《美国综合性大学》中运用“一般行动”理论把大学定位为社会系统中的受托系统，受托系统是指“文化系统与社会系统之间的交集，它的结构与过程显示出文化系统与社会系统之间某种特殊的联系，即文化模式在社会中的制度化体现”。[①] 就大学来看，社会的很多领域都是它的受托对象，在这些对象面前，它需要坚守大学的各种传统，比如自治。同时，积极地发挥自己的社会功能以满足社会的各种需求。教育革命理论是他们在高等教育发展领域中的重要理论成果，高等教育的普及化、专业化和制度化是其主要核心观点。帕森斯还指出教育革命的本质是教育结构不断分化、教育功能不断扩张的过程，而变革不可能是一帆风顺的，都会伴随着新的问题，但是总的趋势是教育结构日益复杂、教育功能不断提升的过程，在这个过程中也会体现现代社会结构和功能的变化。在他们看来，结构功能主义是现代社会整合活动的主要承担者，所以他们就从美国综合性大学中划分出四个相对独立的子系统——科学研究和研究生教育系统、本科生教育系统、专业教育系统和知识分子培养系统，这些系统也会分门别类地承担起 AGIL 功能。[②]

在结构功能主义的视角下，高等教育的发展过程的实质就是高等教育的结构不断分化、高等教育的功能不断扩张的过程。高等教育作为维持社会系统稳定和发展的一个子系统，其结构的变化又是与社会

---

① Talcott Parsons and Lal Plait, *American University*, Massachusetts: Harvard University Press, 1974, p. 18.

② 展立新：《西方高等教育理论一次深刻的社会学总结——评 T. 帕森斯和 G. M. 普莱特的〈美国综合大学〉》，《北京大学教育评论》2008 年第 10 期。

结构相适应的，也就是说高等教育结构的变化往往体现了社会政治结构和经济结构对其要求的变化。

第四节　马克思主义及新马克思主义发展理论

19世纪中叶，工业革命把欧洲的发展带入了新纪元，工业化、崇尚自由成为了社会发展的新导向，在这种大背景下，马克思汲取德国古典哲学、英国政治经济学、进化论思想的营养，对社会发展的结构及运行规律作出深刻反思和前瞻性分析。新马克思主义是对马克思主义的批判性继承，试图按照马克思主义的方法来解决发展问题，比如马克思的世界历史理论的分析框架及阶级分析框架都在新马克思主义那里得到很好的体现，但是两者又存有很大的不同，“马克思是从人类整体历史的高度，对资本主义体系本质层次的分析，是一种历史哲学的思考，而新马克思主义发展理论的代表性理论之一世界体系理论则是重点探讨了资本主义在世界范围内产生、发展的过程及演进的形式，是一种运行层次的分析”①。

具体来看，1. 在研究的对象上，传统的马克思主义注重的是西方资本主义工业国家的现代化问题；而新马克思主义将不发达的第三世界农业国的社会发展问题作为了自己的研究重点。2. 在研究的视角上，传统马克思主义主要从西方资本主义发展的视野出发，将帝国主义看作资本主义发展的一个新阶段；而新马克思主义主要从世界体系的角度出发，将第三世界也看作帝国主义体系中的一个组成部分。3. 在研究的方法上，传统马克思主义注重运用历史唯物主义的阶级分析法，通过对西方资本主义工业国阶级结构的分析，认为无产阶级是唯一革命的阶级；而新马克思主义从世界体系的角度出发，认为发达国家的工人阶级已经贵族化了，农民才是最革命的阶级。4. 在研究的结论上，传统马克思主义注重的是经济的必然性，强调革命的客

① 吕世荣：《马克思社会发展理论研究》，中国社会科学出版社2001年版，第270页。

观历史进程；而新马克思主义突出了革命的主观选择性，尤其是突出了走非资本主义道路的能动性意义。[①]

一 马克思主义发展理论

马克思（Karl Marx）的发展理论可概括为社会整体发展论、社会发展主体论、社会发展动力论、社会发展规律论。马克思主义发展理论对于教育发展理论的影响主要体现在他的社会发展规律论部分。他首先肯定了社会发展规律的存在，但是也有部分学者否定社会发展规律，认为社会发展根本没有规律可言，有的最多是发展的趋势。比如波普尔（Karl Popper）说："可以说，在社会变化中，趋势的存在是毋庸置疑的""断定有某种趋势存在的命题是存在命题而不是全称命题，而不是一个普遍的规律，""规律和趋势是根本不同的两回事"[②]。应当说，波普尔把规律与趋势截然对立是不合适的，规律不仅是事物发展过程中所固有的本质联系，也是一种确定不移的发展趋势，从一定意义上说，事物发展过程中的必然趋势也可称之规律。

马克思相信社会发展规律的存在，认为它是人类发展历史中的固有的、必然的、本质的联系，主要表现为马克思的一元多样的发展观。一元多样的发展观，其中的一元指的是唯物史观，即人类社会的发展是由低级向高级的发展，陆续会经历原始社会、奴隶社会、封建社会、资本主义社会、社会主义社会，最终走向共产主义社会，这是人类社会发展的一般规律。不同形态社会之间的区别以及推动社会进步发展的根本动力是生产力与生产关系之间的矛盾作用——生产力一定要适应生产关系的发展。多样指的是虽然不同国家、不同民族最终会走向同一，但是在实现的道路上未必只有一种方式可遵循，发展道路可以是多样化的。人类社会发展的一般规律的实现是不同的，因为不同国家和民族所处不同的内外部环境造成了规律的实现程度是不一

① 童星：《发展社会学与中国现代化》，社会科学文献出版社 2005 年版，第 131 页。

② ［英］卡尔·波普尔：《历史决定论的贫困》，邱仁宗等译，华夏出版社 1987 年版，第 87—88 页。

样的。

马克思主义社会发展理论对于教育发展理论的意义更多是侧重于方法论层面上的，在它的影响下，尤其是在我国，高等教育发展理论是以探索和追求高等教育发展规律作为基本任务的。比如卢晓中教授曾指出，高等教育发展理论研究是在社会不断变革的背景下高等教育做出适应性变革与发展的诸种规律。① 白玫博士也强调高等教育发展理论所要解决的问题不外乎两个，一是揭示高等教育自身变化的规律；二是指导高等教育变革。②

二　新马克思主义发展理论

新马克思主义形成于20世纪五六十年代，主要围绕着“战后获得政治上独立的发展中国家却没能在经济上得到充分发展，仍然处于不发达的境地”这一问题展开。弗兰克（Andre Gunder Frank）、沃勒斯坦（Immanuel Wallerstein）等运用马克思关于不发达国家社会经济发展理论探讨不发达国家不发达的原因，批判现代化理论的“西方中心论”以及发展社会学中的结构功能主义。他们还借鉴了普雷维什（Raúl Prebisch）“中心—边缘资本主义世界经济体系”的观点和方法，在此基础上提出了自己的研究框架和理论观点。他们考察了资本主义与对外扩张之间的联系，认为帝国主义的本质特征就在于对不发达国家的侵略和掠夺，是造成不发达国家落后的根本原因。由于新马克思主义理论流派众多，本文仅以依附理论、世界体系理论为代表，阐述新马克思主义的主要理论观点。

（一）依附理论

依附理论诞生于20世纪60年代的拉丁美洲，当然，对此学界依然存有争议，也有观点认为依附理论实际上在20世纪四五十年代就已经出现，主要以普雷维什的“中心—边缘”理论为代表。他认为，

① 卢晓中：《试论高等教育发展研究》，《高等教育研究》2007年第8期。

② 白玫：《现代高等教育发展理论研究》，博士学位论文，华南师范大学，2010年，第32页。

世界经济是由“中心”国家、“边缘”国家构成的一个体系，中心国家和边缘国家存在着不平等的关系，不平等的关系为中心国家剥削边缘国家提供了便利，这才是边缘国家落后的根本原因。遗憾的是当时正值现代化理论盛行，普雷维什的声音没有引起太大的反响，所以如果认为依附理论就此产生是有些牵强，也有人将其称作前依附理论。当然必须承认，普雷维什的“中心—边缘”概念后来成为了依附理论的重要概念。另外，马克思的社会发展理论以及列宁的帝国主义理论也是依附理论形成的理论来源。同时，从某种程度上可以说依附理论其实是作为现代化理论的补充而出现的。

在20世纪50年代，西方发达国家为发展中国家的发展开出了“现代化理论”这一剂药方，并以资金、技术等对发展中国家进行援助，企图使发展中国家接受西方化的发展模式。尤其在联合国的两个“发展十年”计划的指导下，发展中国家确实在经济上得到一定程度的恢复和发展，甚至国民生产总值在这一时期略超过发达国家。但是随着短暂的增长之后，发展中国家的社会经济、政治等方面陆续出现了各种问题，如通货膨胀加剧、失业率高居不下，尤其是拉丁美洲的一些国家政权更迭频繁，军事政变时有发生。实践证明，现代化理论难以解释在发展中国家出现的这些新情况。由此，一批拉丁美洲的学者，以弗兰克为代表，开始从外部思考发展中国家落后的原因，也弥补了现代化理论仅仅从内部认定发展中国家落后原因的不足。

依附理论的主要观点有：第一，中心国家与边缘国家不平等的关系是不发达国家落后的原因。早在普雷维什那里，世界经济体系就被划分为中心和边缘两个部分，中心是指占统治地位的资本主义工业发达国家，边缘是指生产出口初级产品的发展中国家。在这样的世界经济体系之下，发展中国家受制于发达国家，一直只能为发达国家服务，自身很难得到充分发展，这种不平等的关系是发展中国家不发达的根本原因。弗兰克在此基础上认为，不发达是世界范围的资本主义发展的结果，并不是天然存在；现代化的传统与现代的二元结构是经不起推敲的观点，发达的先进地区和不发达的落后地区是在资本主义发展过程中同时形成的：中心——边缘的结构存在于社会发展的一切领域，无论是政治还是经济领域都不可避免；边缘国家只有在中心国家发展不利的时候才有可能获得发展。但是在现实的世界资本主义体系中，边缘国家的不发达将一直持续；最不发达的国家和地区往往是那些最大的初级产品出口国，这些就是弗兰克“不发达的发展”的理论的核心内容。而阿明（Samir Amin）的“不平等的发展”、沃勒斯坦的“不平等的交换”实际上也是对不发达问题的相似阐释。

第二，依附是进一步阐述这种中心支配边缘、边缘依赖中心状况的概念，反映了发达国家与发展中国家之间不平等的关系，不平等的关系不仅限于经济领域，而且存在于政治、文化等其他社会领域。在不同的时期，依附的形式是不同的，桑托斯就认为依附大体上经历了“殖民地商业——出口依附”“金融——工业依附”“技术——工业依附”三种形式。而在现实的资本主义体系中，阿明则认为存在着“商业依附”“金融依附”和“技术依附”三种依附形式。

第三，形成依附的原因。弗兰克认为，在世界资本主义体系中，存在着如下三种矛盾：一是经济剩余被攫取和占有经济剩余的矛盾。在垄断占统治地位的世界交换体系中，必然会出现宗主国攫取卫星国经济剩余的结果；二是宗主和外围两极分化的矛盾。不平等的国际经济关系，给少数的宗主国带来了经济发展，而给绝大多数的卫星国造成了不发达；三是在上述的既定的结构中变化的持续性的矛盾。在世界资本主义扩张的过程中，虽然中心对边缘的统治和剥削的形式发生了变化，但这种统治和剥削却依然持续地存在着。在弗兰克看来，这些矛盾就是造成依附的原因，而桑托斯则从内外因两方面分析和说明了依附的根源。他认为，发展中国家对发达资本主义国家的依附是服从于一种同时具有国际性质和国内性质的结构。因此，依附是由发展中国家参加国际体系既有的方式和自身的发展规律决定的，这样就形成了一种“新的依附结构”。

依附理论对于教育发展理论的影响首先体现在比较教育学研究当中，阿特巴赫、阿诺夫等著名比较教育学者都运用了依附理论的分析框架来开展比较教育研究。卡诺伊、阿诺夫和阿特巴赫等都论证了一个国家的教育制度与其说是受本国因素的影响，倒不如说更经常受本国以外的因素影响。他们极力主张比较教育研究要集中辨别这些外部因素。教育的依附性发展主要体现为：宗主国将本国的教育制度、结构强加给殖民地国家，而殖民地国家又不加鉴别地输入、移植发达国家的教育体制、结构和理论，致使本国的教育成为了为他国做嫁衣的教育。[①] 卡诺伊在《作为文化的帝国主义》一书提出发展中国家的教育是本国精英阶层和中心国资产阶级利益的反映，是中心国文化帝国主义的产物。特别是教育制度只不过是对西方教育模式的简单移植，并以拉丁美洲存在的“欧洲型学校模式”和“美国型学校模式”为例说明发展中国家的教育依然没有摆脱对西方发达国家的依附。

最早运用“中心—边缘”的分析框架研究高等教育发展的是美国的经济学家弗里德曼（Milton Friedman），他发现当知识成为经济社会发展的重要要素时，高等教育开始由社会的边缘走向社会的中心，这就是弗里德曼著名的高等教育从边缘走向中心的发展理论。阿特巴赫也把依附论的分析框架引入了高等教育发展理论上，他发现发达国家的大学凭借诸多的优势而处于世界学术的中心，这些大学被他称作中心大学，与此相反，发展中国家的大学虽然有可能在国内是知名大学，但从国际上来看，它们仍然处在从属的状态下，摆脱不了边缘的地位，被称之为边缘大学。关于中心大学与边缘大学这种不平等地位的形成原因，他认为主要是由大学的历史传统、语言因素、知识的生产与交流、人员流动等方面造成的。比如从知识的生产与交流来看，由于大量的财富以及工业的、经济的权力都集中在欧洲、日本、北美这一“北方地带”，与此相应，知识的、教育的权力，比如世界上主要的大学、研究机关、出版社、杂志以及构成现代技术社会的所有要素都云集于此，构成了国际教育格局的“中心”。[②] 他们不仅在知识的生产方面居于主导，而且还拥有对知识的解释权。发展中国家创造的专业知识、取得的技术创新、出版的专业书籍等现代文化产

---

① 白玫：《现代高等教育发展理论研究》，博士学位论文，华南师范大学，2010 年，第 70 页。

② Philip G. Altabach, “Literracy Colonialism: Book in the Third World”, *Harvard Educational Review*, Vol. 45, No. 2, 1975.

品，不仅数量极少，而且要居于“知识中心”的发达国家的认可才能被承认。

阿特巴赫对消除中心大学与边缘大学的依附关系是持消极态度的，首先发展中国家缺乏足够的资源来提高其开展高水平研究的能力，更为严重的是边缘国家已经对中心国家产生了心理上的依附，主要表现为边缘国家往往把中心国家的大学视为发展的标杆，习惯于向中心国家寻求发展的答案。与此相辅的是，发达国家为了保持自身的优势地位，不惜对发展中国家采取新殖民主义的政策，即发达国家有意识的对发展中国家的影响，以此达到间接控制发展中国家政治、经济、教育、文化等方面的目的。

（二）世界体系理论

世界体系理论是在 20 世纪 70 年代由沃勒斯坦及其同事提出，它的形成也受到了多种社会理论的影响，主要有依附理论、法国的年鉴学派等。依附理论的很多概念和观点都被世界体系理论直接吸收，比如中心—边缘。年鉴学派注重全球的历史及长期的发展趋势都在世界体系理论中得到很好体现，如世界体系理论强调世界体系的形成历史和演变规律。

世界体系理论的独特之处在于把世界整体作为研究对象，世界体系是指由各种相互联系的、相互作用的因素推动的、可以自我调节体系。它是由“中心”“半边缘”和“边缘”国家组成的结构整体；中心国家（世界体系中居主导地位）和边缘国家（受中心国家支配控制）构成了世界体系的两极，介于二者之间的半边缘国家兼有两者的部分特征。沃勒斯坦认为，目前世界上只存在过两种世界体系：一种是世界帝国，它控制着一大片土地，往往都是世袭制的君主专制的国家；另一种是世界经济体，由于世界资本主义的不断发展和壮大，国家与国家、地区与地区之间的经济界限越来越模糊，逐渐形成了世界经济体。与依附论不同的是世界体系理论采取的是三分法，即把世界各国分为了“中心国家”“半边缘国家”“边缘国家”，而且三者之间存在着动态转化。也就是说，国家在世界体系中所处的位置是动态变化的，从边缘国家到半边缘国家，再到中心国家，或者是中心国家下降到半边缘、边缘国家都是有可能的。

在世界体系发展的周期性节律和长期性趋势中，世界经济的停滞期或上升期一旦到来，就为边缘和半边缘国家的发展提供了契机，他们能够在体系允许的范围内发生向上流动。

同样，世界体系理论对于教育发展理论的意义仍然体现在分析框架的确立上，比如阿诺夫与阿特巴赫、凯利在《比较教育学》中认为："多数教育的宏观研究已经把民族国家作为基本的分析单位。对冲击教育系统的国际势力的考察和对国际经济秩序的考察，对于了解任何国家或一系列国家经济发展或欠发展的动力来说同样必要。""虽然教育的扩招和改革是在国家边界以内发生的，但是这些国家发展和竞争的舞台是一个国际舞台。需要更多注意的是'比较和国际教育'领域的全球维度。"① 直接将世界体系理论的分析框架用于分析高等教育发展的是以色列的社会学者本·戴维教授，他汲取了世界体系理论的核心思想，即"中心—半边缘—边缘"的结构并不是一成不变的，而是不断发展的，提出世界学术中心是不断变化的，经历从 18 世纪的英国到 19 世纪的德国再到 20 世纪的美国，具体来看，牛津、剑桥等古典大学使英国成为 18 世纪世界学术的中心；德国的柏林大学的创立使德国大学站在了世界之巅；美国研究生院的创立又使学术中心再次发生转移。在此过程中解释了学术中心的转移与各国高等教育机构的重大联系，随着学术中心的转移，高等教育的发展模式会发生质的变化。同时，各国的大学发展受到了不同时期学术中心国家的影响。半边缘的结构是在学术中心转移到美国之后在英国得到了体现，此时英国的大学作为世界准学术中心存在。因为它培养着高学术水平的人才，同时也具有世界顶尖水平的研究机构，所以能够维持世界准学术中心的地位。

第五节 其他重要理论流派影响下的发展理论

前面各节介绍了部分社会科学理论流派影响下产生了发展理论

① 卢晓中：《现代高等教育发展论纲》，广东教育出版社 2005 年版，第 36 页。

群，尽管理论庞杂众多，但还是难以覆盖大部分的发展理论。本节将继续介绍若干重要的发展理论，力求更加充分地认识发展理论。

一　凯恩斯主义发展理论

凯恩斯主义产生于20世纪二三十年代的英国，不过西方其他国家也有类似凯恩斯主义的经济发展思想，它的产生与深刻的时代背景有关。第一，第一次、第二次世界大战和世界经济危机导致的经济萧条使自由主义的自由放任难以自圆其说，自由主义主张自由放任的市场理应会为整个经济体系带来长期的利益，不会导致经济萧条的出现。20世纪30年代，市场均衡论主导着英国的正统经济学，这一时期的经济学家们普遍相信自由市场能够使社会朝着最佳的方向发展。比如，萨伊定律否认资本主义经济危机的存在，认为更不会产生失业，经济的偶尔失衡是可能的，市场自然会调节这种偶尔的失衡。但是在20世纪30年代末，西方各国发生了严重的经济危机，经济产值急剧下降，失业率高居不下，是西方社会一次空前的发展灾难，传统的经济学理论对此束手无策；第二，在同一时期，苏联制定了第一个五年经济发展计划，积极开展了大规模的经济发展项目，获得了有效的发展，萧条和失业与苏联无缘。计划经济的成功与西方自由经济的失败形成鲜明的对比，这对西方政界和经济学界都产生了极大的冲击。危机动摇了西方人的信念，他们将目标转向苏联，“在这种形势下，中央计划所有制经济的苏维埃模式给大家指出了一个前进的方向，凯恩斯也曾把苏维埃共产主义作为一种‘新的宗教’而与之调情”①。

在这样的背景下，凯恩斯（John Maynard Keynes）对传统经济学的理论观点产生了质疑，他说：“扩大政府职能……恐怕会被认为是对个人主义的极大侵犯。相反，我为它辩护，这不仅是避免现存的经济形态完全毁灭的唯一切实可行的办法，而且是使个人主动精神成功

① ［英］罗伯特·斯基德尔斯基：《凯恩斯传（1883—1946）》，相蓝欣等译，生活·读书·新知三联书店2006年版，第561页。

地发挥作用的必要条件。”① 和传统经济学的乐观不同，他认为市场均衡才是偶然的，一旦生产要素没有得到有效的配置时，经济危机就有可能发生，而仅仅依靠市场是难以解决经济危机和恢复经济发展，事实正是如此。1936 年凯恩斯发表了《就业利息与货币通论》，反对自由主义的市场至上，主张国家要利用各种手段干预经济，以弥补市场的不足。他认为有效需求不足是贫穷和失业的根源，有效需求是指市场中总的需求，不是单个个体的需求。有效需求受到消费倾向、流动偏好、预期未来收益的影响，这三大因素反映了三条基本规律。第一，社会收入增加与社会消费增加并不呈现绝对量上正相关，这部分的差额增量就会出现在社会储蓄里；第二，如果货币供给量保持稳定，那么该时期的利息率水平受流动偏好影响；同样，如果流动偏好保持稳定，货币供应量则直接影响利息率；第三，资本家增加投资是因为利率低于资本边际效率，当两者相等时，资本家便停止增加投资，所以投资需求不足是必然会产生的现象。如果有效需求出现不足而市场又难以应付、调整，致使无法维持社会充分就业的局面出现，那么差额部分就应该由政府来买单以弥补市场有效需求不足。政府要利用货币等国家财政政策对经济进行调控：在经济萧条时期，由于私人投资减少，政府就应当增加投资，使供需达到平衡。这个建议进一步延伸出了他的赤字财政理论，即政府应该通过举债来刺激消费，政府的投资可以刺激经济，经济发展会产生税收，这样政府的赤字就可以得到抵消。当经济处在通货膨胀时期，政府需要提高利率和减少货币的供应量。

凯恩斯主义认识到了市场的固有不足，是对传统经济学理论的修正，很快就为大多经济学家所接纳，占据美、英等国主流经济学的地位，对美、英两国摆脱经济危机、保持经济繁荣开辟了新的道路。它甚至还继续延伸到了教育发展领域，掀起了教育领域的“凯恩斯主义”。比如，美国联邦政府一向主张教育的独立，很少干预教育的发展。不过凯恩斯主义在美国被采纳之后，经济上尝到的甜头使美国逐

---

① 吴易风、王使：《凯恩斯学派》，武汉出版社 1996 年版，第 65 页。

步加强了对教育的干预和控制。而在英国，凯恩斯主义更加蔓延到分配领域，开始建设福利国家制度，教育成为了建设福利国家制度的工具。

二　新自由主义发展理论

20 世纪 70 年代以后，中东的石油危机使资本主义世界再次发生经济危机，主要的福利国家陷入了各种困境，特别是发达国家的政府面临严重的财政危机，凯恩斯主义在新的危机面前一样遭遇了滑铁卢，资本和就业政策开始失效。新右派学者趁此机会恢复了经济自由主义的主张，伴随着英国首相撒切尔夫人、美国总统里根的上台，新自由主义开始占据主流经济学的地位。新自由主义是对古典自由主义的继承和发展，它的基本观点有：第一，反对国家对社会全面过多的干预，推崇市场经济的自由竞争法则。坚信市场是调节经济的最完美手段，在市场机制之下全社会利益才能顺利实现；第二，抨击凯恩斯主义的福利国家制度，认为该制度会降低整个社会的效率，阻碍社会的进步和发展。比起福利国家的分配制度，社会资源由市场调配才能保障效率和公平；第三，自由主义可以提供平衡的办法解决分配资源、控制权力的问题，从而确保政治自由最大化；第四，个人的主动精神是社会、经济发展的动力，坚持个人自由选择的权利；第五，自由主义的整套知识都是建立在实证科学之上，因此，知识的运用效度将会达到最大化。

从新自由主义的基本观点中可以再次确认，新自由主义理论的核心在于强调自由市场的作用。自由、独立的个体组成了自由市场，个体清楚自己的发展需求，借助于市场来满足自身的需求。市场能够准确地提供商品的供求信息，为交换准备条件，国家在整个交换的过程中不得过度干预，它的作用在于提供基本的法律保障，保证个体的合法需求及利益。弥尔顿·弗德里曼（Milton Friedman）是新自由主义的代表人物之一，他指出自由放任的资本主义是所有自由的基础。在充满竞争的现代社会，个体可以在市场和社会中进行自由的交换，必要且充分的竞争将国家的作用限制在最小的状态。他觉得国家只是法律规章制度的制定者和一些纠纷的仲裁者，经济权力需从国家政治权力中脱离。显然，这些观点对“二战”后实施福利国家制度的国家绝对是一个不小的冲击。

新自由主义强调市场的主张对世界银行、国际货币基金组织以及很多国家的政策都产生了影响，甚至成为一些国家政策制定的基本原则。比如，要充分发挥市场的作用，减少对市场的干预，特别是来自政府的干预。除非是遭遇危机或者更严重的情形以至于政府非参与不可，即使是这样，政府的干预也尽量与市场的作用保持一致。总之，新自由主义所有的理论观点都是围绕市场来进行的，之所以他们如此信任市场能够实现经济效益的最大化，主要是因为：1. 产品和服务本身是有限的；2. 生产资料私有制受到法律保护；3. 生产者之间存在以满足消费者需求为目标的各种竞争；4. 适合市场的政治制度。所以对一些发展中国家来说，盲目地信奉市场是不合时宜的，因为它们的法律、政治制度未必与市场相匹配。在东亚，国家政府主导下的市场同样取得巨大的经济成功，不过它们的市场并非新自由主义口中的“自由市场”，但是新自由主义对它们的影响力不容忽视。

新自由主义对教育发展的影响是多方面的，最重要的一个方面是推动了教育市场化，尤其是高等教育市场化发展理念的形成。高等教育市场化就是要“把市场机制引入高等教育，使高等教育运营至少具有如下显著的市场特征：竞争、选择、价格、分散决策、金钱刺激等。它排除绝对的传统公有化和绝对的私有化”①。高等教育领域按市场化机制运行以后，高等教育在某种程度上具备了商品的属性，由此而形成了一个巨大的高等教育服务供求市场，顾客有权利选择有效率、高质量的高等教育服务。在这样的供求关系中，高等教育的竞争愈演愈烈，必然会促使高等教育的效率和质量的提高。

三　公平发展理论

进入 20 世纪 70 年代，发展研究开始进入一个多元化的时代，人

① 李盛兵：《高等教育市场化：欧洲的观点》，《高等教育研究》2000 年第 4 期。

类对发展价值的追求也不仅限于经济增长，发展学者开始关注到更多的发展价值，公平是最重要的发展价值取向之一。比如，发展经济学家托达罗特别强调发展中国家的社会公平正义问题，另一位发展经济学家西尔斯也承认发展还涉及社会的不平等状况。其中，伦理学大师罗尔斯（John Bordley Rawls）的发展公平论影响最大。他在《正义论》的第一章就以“正义即公平”作为标题阐释了他的公平观，在他看来，正义即公平。他认为，“正义的基本主题就是社会的基本结构，或者说得更准确些，就是主要的社会体制分配基本权利和义务以及确定社会合作所产生的利益分配的方式”①。民主社会的标志是具有正义的社会制度，只有在正义原则下建立了社会制度，人们的活动才会是正义的活动。针对当时理论界盛行的功利主义原则，罗尔斯认为应该在正义原则的支配下调节社会制度以解决社会的不公。

罗尔斯提出了公平的三大原则：其一，人人皆有相同的自由；其二，人如果因地位或者其他原因而受到了差别待遇，这些原因要向大众交代；其三，对于处于不利状况的人应提供相应的补偿。他的三大原则包含了两种公平观，一是均等的公平；二是不均等的公平，即前者是平等对待相同者；后者是不均等的对待不同者。结构功能主义大师帕森斯是从结构功能论的视角认识社会平等问题。他认为，社会的分化和整合才是社会平等问题的根源，个体或群体被社会系统内化的不同程度产生了不平等。与 AGIL 模式相对应，社会平等由 4 个部分组成：获得成功的机会平等、法律维护的平等、制度保障的平等、道德平等。其中，道德层面的平等是社会平等的核心。影响社会不平等的因素主要有宗教和种族、地域和阶层，家庭和职业。随着职业成为了社会系统内化不同个体的最重要因素，宗教和种族、地域和阶层的影响力开始下降，不过家庭依然是延续社会不平等的一个重要因素，代际之间仍然可传递不同的资源，尤其在文化意识上。

发展公平论的兴起也掀起了一股对教育发展公平研究的热潮，教

① ［美］约翰·罗尔斯：《正义论》，何怀宏译，中国社会科学出版社 1998 年版，第 3 页。

育社会学、教育伦理学、教育经济学等都从各自的学科层面对教育公平进行了多层次、多角度的剖析，其中教育社会学和教育伦理学的影响最大。1966 年，美国的科尔曼（James Coleman）教授向国会提交《教育机会均等的观念》的报告，是最早关于教育公平的理论探索，他提出了四条教育公平的标准：一是进入教育系统的机会均等；二是参与教育的机会均等；三是教育结果均等；四是教育对生活前景机会的影响均等。显而易见，科尔曼的“教育公平论”的核心就是教育机会均等，他对教育机会均等的理解实际上与胡森（Husen T.）有些相似，都是注意到了起点、过程、结果等方面。

胡森认为教育机会均等在不同社会哲学的作用下形成了三种教育机会均等的结构，即起点均等、过程均等和结果均等。起点均等强调教育权利平等，即法律保障人人都有受教育的权利；过程均等强调教育机会平等，即教育制度应平等地对待每一个儿童；结果均等是指在确保人人都有受教育机会基础上，注重人的差异性，使每个儿童都有相同的机会受到不同方式的对待。[①] 由以上可知，胡森分析了教育公平的结构，即教育公平是由起点、过程和结果构成，而且教育公平是一个相对的概念和动态的过程。还有很多学者，比如帕森斯、诺丁斯、格林等，都从不同的角度阐述了对教育发展公平的认识，形成了特定的教育发展公平论。

本章从各个流派的视角梳理了发展理论，由于发展理论是从别的学科衍生而来，它的每一次进步都必须强烈地依赖其他学科的发展，所以这部分不可能也不必要穷尽对发展理论的介绍。不过，这也反映了发展理论应用社会科学的学科性质，即它受到其他学科的理论关照以解决社会发展实践中的问题，包括高等教育发展实践中的问题，而高等教育政策旨在直接指导和解决高等教育发展实践中的各种问题。因此发展理论与高等教育政策之间必然会产生交集。

---

① 易红郡：《西方教育公平理论的多元化分析》，《湖南师范大学学报》（教科版）2010 年第 7 期。

第三章　高等教育发展研究构建的视角

高等教育发展研究是研究者基于改革和发展的需要，从理性思维领域、甚至是从哲学高度认识和把握高等教育发展变化规律所获得的成果。高等教育发展理论本身众多纷繁，实际上是不同研究者从不同的视角出发构建不同的认识。当前，多样化已成为现代高等教育发展的主要趋势，这种趋势也要求高等教育发展研究的多重视角，因为任何一种高等教育发展理论在探讨高等教育发展问题时难免存在不足之处。在这里，从构建的视角对高等教育发展研究进行考察。

第一节　高等教育发展研究的宏微观视角

"现代高等教育发展研究，根据研究取向的不同，大致可以划分为两类：一类是宏观层面的'宏大'研究；另一类是微观层面的'具象'研究"[①]。以研究取向为标准，高等教育发展研究构建的视角同样可以划分为宏微观两类。

一　宏观宏大视角

高等教育发展研究最初是以高等教育与国家、社会发展的关系以及高等教育自身发展问题为对象，在研究取向上更多偏向于宏大叙事。

---

①　卢晓中、陈先哲：《论高等教育变革背景下的高等教育发展研究》，《高等教育研究》2013 年第 12 期。

1. 高等教育发展与社会发展的关系

高等教育发展总是与社会变革密切相关，关于高等教育发展与社会发展关系，总体而言，高等教育发展研究出现过“适应论”和“引领论”两种不同的研究观点。“适应论”提出高等教育发展需适应社会发展需要，满足社会发展需求；“引领论”认为随着现代高等教育逐渐进入“社会的中心”，高等院校成为社会的“轴心机构”，高等教育发展对于国家和社会的发展变得愈来愈重要，高等教育具有引领社会变革的功能，理应承担引领社会变革的重任。

以高等教育发展与政治发展的关系为例，涉及两个方面：一是政治的发展制约着教育的发展；二是教育的发展要为政治的发展服务。政治因素直接影响高等教育的培养目标、接受高等教育的权利以及一国的高等教育体制。比如《中华人民共和国教育法》明确规定：“国家坚持以马克思列宁主义、毛泽东思想和建设有中国特色社会主义理论为指导，遵循宪法确定的基本原则，发展社会主义的教育事业，”“教育必须为社会主义建设服务，必须与生产劳动相结合培养德智体全面发展的社会主义事业的建设者和接班人。”

高等教育要为政治服务，一方面要实现政治的认同，即现代民族国家的政治信仰、价值观等的认同；另一方面培养公民的政治参与的自觉性和积极性，实现政治认同感。比如《教育与国家发展》的作者法格林兰认为，学校教育对国家政治发展的作用有三个方面：政治民主化、政治精英的筛选和培养、政治整合与国家政治意识的确立。世界银行和联合国教科文组织的报告书《发展中国家的高等教育：危机与出路》也强调高等教育在促进政治民主化、政治精英培养中的作用：“更普遍地说，一个社会如果希望建立并维护一个多元的、对公民负责任的民主制度，那么它可以从一个强有力的高等教育部门获得两方面的益处：首先，高等教育可以承担研究和解释民主制度的任务。其次，高等教育可以有助于培养民主所需要的有识见的公民。因为高等教育可以向学生逐渐灌输有关民主的准则和态度，而这些学生将来会成为医生、律师、记者、政治家、商业领袖，它们将有助于提高整个社会公民的知识水平”①。

2. 高等教育发展理论与高等教育发展实践的关系

高等教育发展理论与高等教育实践的关系包括两个方面：一是高等教育发展理论与高等教育发展实践孰先孰后；二是高等教育发展理论对高等教育发展实践的影响。

对于高等教育发展理论与高等教育发展实践孰先孰后的问题，涉及一个古老的哲学问题，即知与行的先后关系，或者说是理论和实践谁为先的问题。从根本上说，实践当然是理论的来源，理论指导实践的发展。但就具体的高等教育实践来看，有时是理论在先，高等教育实践受到了理论的直接影响，而有时却是实践在先，即政策的制定推动了实践的先行，反过来促使和影响理论的形成和发展。美国高等教育大众化政策和实践正是先于理论，马丁·特罗教授在考察了美国高等教育发展实践后，提出了他的高等教育发展阶段论。高等教育发展阶段理论实质上是在解释或预测高等教育实践、规定或建议做什么、怎么做。马丁·特罗用“高等教育发展阶段论”描述美国高等教育发展进程中出现的各种变化和趋势，并以此作为高等教育发展的普遍趋势和一般规律来预测其他国家高等教育的发展，为后来者提供警示作用。

至于高等教育发展理论对高等教育发展实践的影响，国内外学者都作了很多积极的探索。比如卢晓中教授在《当代世界高等教育理念及对中国的影响》提出当代世界高等教育理念通过政策引导、财政牵引、国际合作、信息传播的途径对世界高等教育实践产生作用。对中国的影响主要体现在国家高等教育政策法规以及高校教育教学改革。一方面，当代世界高等教育理念的形成主体在中国所进行的影响中国高等教育政策和法规制定的行动；另一方面，90 年代中国高等教育一些重大政策和法规的制定和出台或多或少受到世界高等教育理念的影响。他认为“高等教育发展理念是高等教育发展实践的先导”

① 世界银行、联合国教科文组织：《发展中国家的高等教育：危机与出路》，蒋凯译，教育科学出版社 2001 年版，第 36—37 页。

“高等教育发展实践是高等教育发展理念的丰富和发展的源泉”“现代高等教育发展理念对高等教育发展实践的影响是与时俱进的，呈现出鲜明的时代特征”①。

本·戴维汲取了世界体系理论的核心思想，即“中心—半边缘—边缘”的结构并不是一成不变的，而是不断发展的，提出世界学术中心是不断变化的，经历从18世纪的英国到19世纪的德国再到20世纪的美国，在此过程中解释了学术中心的转移与各国高等教育机构的重大联系。同时，各国的大学发展受到了不同时期学术中心国家的影响。

3. 高等教育发展研究的自身逻辑

构建高等教育发展研究的基本分析框架的研究也属于宏大视角。比如卢晓中教授在《现代高等教育发展论纲》中通过介绍与高等教育发展问题关联较大的发展理论，探讨高等教育发展理念的理念内涵和高等教育发展理念的现代发展，论述高等教育发展战略的理论内涵和抉择依据，形成“发展理论——发展理念——发展战略”的研究逻辑框架。高等教育发展理论是研究者基于变革和发展的需要，从理性思维领域、甚至从哲学高度认识和把握高等教育发展变化规律所获得的成果，作为高等教育实践的理论依据并对发展实践起指导作用。高等教育发展理念则是主体针对高等教育在变革与发展过程中的实践方向和价值追求而提出的理性预设。而高等教育发展理念的实践落实，必须通过发展战略的制定与实施才能真正实现。

袁本涛教授的《发展教育论》介绍了社会发展理论以及这些理论在教育发展上的运用，重点以现代化理论、依附理论、世界体系理论等经典现代化理论解释了发展中国家教育发展模式的演进：本土化模式——依附发展——自主发展，形成了“发展理论——发展模式”的研究逻辑框架。房剑森教授的专著《高等教育发展的理论与中国的实践》把高等教育发展逻辑归结为“发展理论——发展实践——发展保障”三个部分，在发展理论部分就高等教育发展观、发展模

① 卢晓中：《简论现代高等教育发展理念与实践》，《高教探索》2004年第4期。

式、增长方式、发展的动因分别深入研究。发展实践部分选择了规模、结构、质量、效益四个主题进行了探讨。知识经济时代背景下制度创新是高等教育发展的保障。白玫博士认为高等教育发展研究涉及高等教育发展的本体论、高等教育发展的价值论、高等教育发展的实践论，从“本体——价值——实践”这个框架考察了高等教育发展的主体、本质、动力、创价、代价以及跨越式发展、现行发展与适度发展等问题。

以上高等教育发展研究分析框架的确立，仍然是基于对国家或地区发展变革背景下高等教育实践的需要，一直占据高等教育发展研究的主流，属于高等教育发展研究的宏大叙事视角。当前，我国高等教育改革步入深水区，高等教育研究特别强调服务于国家高等教育发展战略规划需要，尤其是在以“双一流”政策推动建设世界高等教育强国的宏愿下，在探索建立高等教育发展的中国模式中，高等教育发展研究的宏大叙事视角仍然具有合理性和现实价值。

二　微观具象视角

在沿袭宏大叙事取向的高等教育发展研究之外，我们也必须注意到多样化已成为高等教育发展的主要趋势，高等教育发展的多样化要求高等教育发展研究在关注宏大宏观视角的同时，也能够关注到微观具象领域。宏大宏观视角关注一个国家或地区高等教育的宏观发展研究，而微观具象视角则关注特定院校或特定群体的微观发展研究。

1. 院校研究

“‘二战’之后，西方高等教育的大发展导致传统的整体层面上的高等教育管理模式难以适应规模扩张以及复杂化的院校管理和发展的需要，院校研究应运而生。”[①] 院校研究是指单个院校针对本校管理与运行中的实际问题所作的分析与咨询研究，是一所高校为改进本校管理决策和运行状况而设定的专门实践领域，属于微观具象研究。

① 刘献君等：《加强院校研究：高等学校改革和发展的必然要求》，《高等教育研究》2002 年第 2 期。

在高等教育发展研究中，通过对不同类型的院校研究可以管中窥豹。院校研究首先诞生在美国，考利（William H. Cowley）认为最早起源于对大学行政结构的合理化研究。美国从事的第一项院校研究活动是1701 年的耶鲁大学创始人对苏格莱大学的组织结构的综述和研究。这项研究为耶鲁大学合理构建组织结构提供了有价值的信息。考利的研究发现，哈佛大学在 19 世纪 20 年代中叶进行了第一次院校自查（self survey），其自查结果在哈佛大学行政结构的重组过程中发挥了关键作用。[①]

史蒂芬斯（Frank V. Stephens）的研究发现，1847 年，为了在大学概况手册中提供更加实际的住房开支信息，密苏里大学对学生的住房开支进行了问卷调查。他的研究还表明，从 1856 年 7 月 1 日起，密苏里大学董事会要求校长在年度和半年度报告中详细阐述每一位教师所教授的学生数，以及他们完成教学任务的效果。这似乎是早期关于教师工作量和教学绩效的院校研究活动。[②]美国院校研究早期代表性的研究还有库克的《学术与工业效益》（1910）、阿兰的《大学与学院的自我调查》（1917）、爱尔斯的《美国高等教育调查》（1937）、考雷的《院校研究两百五十年》（1959）、鲁尔克斯和布鲁克的《高等教育中的管理革命》（1966），以及泰特罗的《院校研究：高等教育参谋功能的出现》（1973）。20 世纪 70 年代后在世界其他国家开始盛行，近十年来我国高等教育界也积极开展和探讨院校研究。美国学者马文·彼得森和阿特巴赫更是一致认为：在 21 世纪，院校研究将以其有组织地收集、分析和报告高校管理与决策所必需的数据及信息的能力，满足高等教育不断变革的需要，逐渐成为高等教育研究的一个分支领域，并日益成为其主流的一部分。

尽管院校研究在世界范围内获得较大认可和发展，不过仍只是微观具象研究的一支。对高等教育发展研究而言，某个群体的发展，比

① 常桐善：《美国院校研究的过去、现在和未来——基于高等教育发展的视角》，《高等工程教育研究》2013 年第 2 期。

② 同上。

如大学教师、学生、管理人员的发展是更为微观具象的研究问题。这些微观具象的研究问题往往为宏大视角所忽视甚至忽略不计，但又是高等教育发展的重要组成单元。

2. 大学青年教师发展

当前，学界非常关注大学青年教师的发展问题，也成为高等教育发展研究的新增长点，一般集中在大学青年教师发展的现状、问题、影响因素与对策建议的研究。比如张俊超以布尔迪厄的社会学场域理论作为研究的观察视角，运用“场域”“资本”“惯习”等核心概念，通过深度访谈和实地观察等质性研究方法，对青年教师的经济收入、教学、科研、管理以及心理状态等现实生活状态进行描述，把他们的这种在场状态归纳为“游离”，体现他们在大学场域的一种客观位置和主观态度。对青年教师为什么处于“游离态”的原因进行分析，主要从文化资本、经济资本、社会资本等方面进行描述和归纳，发现资本的数量和结构对此有重要影响，而对各种资本的争夺也成为青年教师进入大学场域改变自己位置的策略选择。进而归纳青年教师作出“出场”和“跨场域”运动的策略选择的主要原因是“价值诉求”。[①]

谷志远围绕高校青年教师学术产出绩效这一问题展开，主要探讨了高校青年教师学术产出的现状，并对影响学术产出绩效的因素如个性特征（性别、年龄、工作年限、院校声望、学科、最高学历、职称等）、机构因素（机构特征如组织支持等）进行了深入分析，结论是：个性特征和环境因素对高校青年教师的学术产出绩效均具有比较显著的影响，其中拥有博士学位对青年教师学术产出成果的影响最大，且这种影响是正面的，工作年限、已有工作成就（职称）等对青年教师的学术产出影响也比较大，年龄和所在工作机构的声望等对青年教师学术产出的影响作用在该研究中并没有得到印证。[②]

---

① 张俊超：《大学场域的游离部落——大学青年教师发展现状及应对策略》，中国社会科学出版社2009年版，第71—200页。

② 谷志远：《高校青年教师学术产出绩效影响因素的实证研究——基于个性特征和机构因素的差异分析》，《高教探索》2011年第1期。

郭丽君等从学术位置、管理地位、经济地位三个维度，对青年教师自我处境的认知进行分析，并提出：处在发展转型期的地方高校，建立一套适合学术组织运行逻辑的场域规则，营造一个良性竞争的制度环境，充分给予青年教师自主权，引导他们在学术职业发展初期以学术目标为其追求的动力，根据学术职业的工作性质和特点为青年教师的发展提供合适的途径、方式并给予制度上的设计与安排，才能从根本上促进青年教师的健康发展。[①]

3. 大学生发展研究

西方关于大学生发展研究已经有100多年的历史了，主要是从社会学、心理学、生态学等角度解释学生在大学期间的成长和发展规律。比如，美国心理学界在20世纪60年代兴起了大学生发展的理论研究并形成了大学生发展理论体系，探讨了美国大学生的发展内容、机制及其与环境的关系，集中解释学生在大学四年生活中了解自我、他人和世界的发展过程。其中学生参与理论、大学生变化评定模型是最具代表性的学术成果。

阿斯丁（Astin，A. W）于20世纪80年代初提出了学生涉入理论，指出大学生在有意义的教育活动中投入时间越长，付出的努力越多，收获就越大。同时，受到佩斯“努力质量”模型的启发，理论不仅关注大学生投入的学习时间数量，也关注其投入的质量。[②] 在此基础上，乔治·库恩（George D. Kuh）将“Student Involvement”拓展为“Student Engagement”，意为学生参与不仅指大学生的投入，也包括大学为促进学生的这种参与而提供的支持和服务。学生参与理论指出，学生参与的形式丰富多样，包括课堂内外的学习参与、课余活动参与和人际互动等；学生的发展也很全面，包括道德情感发展、认知发展和能力发展等。与发展结果相比，学生参与理论更关注学生发展的过程。

① 郭丽君、周清明：《地方高校青年教师的发展》，《高等教育研究》2011年第1期。

② Astin，A. W，“Student Involvement：A developmental theory for higher education”，*Journal of College Student Development*，VOL. 40，NO. 5，1999.

大学生变化评定模型是帕斯卡雷拉（Pascareella E. T）在1885年提出的评估大学生发展的综合模型，是高校如何促进学生发展的综合性的因果关系模型。该理论认为，大学生学习和认知能力的发展主要是五大要素直接或间接作用的结果。这五大要素分别是：(1)学生家庭背景及其进入高校前的个人特征和特质；(2)高校的结构性或组织特征；(3)高校环境；(4)师生互动和同伴互动；(5)学生的努力程度。其中高校的结构性或组织特征和高校环境是影响大学生发展的间接要素，而学生家庭背景及其进入高校前的个人特征和特质、师生互动和同伴互动、学生的努力程度则是影响大学生发展的直接要素。①

国内关于大学生发展问题的研究始于20世纪90年代，此后，学界围绕大学生发展状况、大学生发展的影响因素、大学生发展评价、大学生发展环境等主题开展了一系列的研究。上海、北京的教育主管部门曾委托高校对当地大学生的发展进行深入调查，并形成在国内颇具影响力的报告。比如上海市教委从1998年开始连续10年委托复旦大学主持了题为“上海大学生发展”的双年度研究项目，并形成了相应的上海大学生发展报告。北京市也从2010年开始依托北大教育学院每年推出《首都大学生发展状况白皮书》，研究以我国本科人才培养质量为出发点，以美国的相关大学生发展理论为基础，研究了大学生发展的影响因素和高校人才培养质量评估的新方法等。②

高等教育改革步入深水区，高等教育发展研究的宏大视角与微观具象视角缺一不可。宏大视角体现了整体性的逻辑，追求普适性的一般发展趋势；具象视角反映了局部性的逻辑，强调高等教育发展的多样化。因此，高等教育发展研究的宏大与具象视角相辅相成、相得益彰，宏大提供具象背景与意义，具象为宏大提供注脚。

---

① Pascareella E. T, *How college affects students: A Third Decade of Research*, San Francisco: Jossey - Bass, 2005, pp. 56 - 57.

② 查颖：《阅读与大学生发展的关系研究——基于浙江省文科大学生的阅读调查》，博士学位论文，华东师范大学，2017年，第14页。

第二节 高等教育发展研究的正反面视角

高等教育发展始终是创价与代价并存，高等教育发展产生价值，又因为付出代价促进新的发展，高等教育发展的创价与代价是一种辩证关系。同样，高等教育发展研究也沿袭正反两种视角：一是从正面探讨发展的目标、动力等，强调发展的良性一面；二是从反面探究发展付出的代价以及放弃的价值切入。

一 高等教育发展研究的正面视角

（一）高等教育发展目标

对高等教育发展目标的研究可以通过对一部分高等教育发展的定义来认识，人们对高等教育发展的理解往往涵盖了对高等教育发展目标的期待。《中国教育改革和发展纲要》指出，“高等教育要适应加快改革开放和现代化建设的需要。积极探索发展的新路子，使规模有较大发展，结构更加合理，质量和效益明显提高。”自此，不少学者从规模、结构、质量、效益四个维度对高等教育发展提出要求。比如，房剑森认为高等教育发展主要包括规模扩大、质量提高、结构优化、效益提高、适应性增强。[①] 周焰球提出高等教育发展包括两个方面的内容：一是高等教育规模的扩大和发展速度的提高；二是高等教育内部结构的科学化。[②]

高等教育现代化一度被视为高等教育发展的重要标志，高等教育现代化作为教育现代化宏大系统工程的一个子系统，可以按照教育现代化的内容启动。[③]“教育现代化就是传统教育向现代教育转化的过程，当教育通过变革具备了信息社会教育的基本特征，如智能

① 房剑森：《高等教育发展的理论与中国的实践》，复旦大学出版社1999年版，第16页。

② 周焰球：《试论高等教育的合理发展》，《高等教育研究》1990年第2期。

③ 胡夏闽：《高等教育现代化的实现途径初探》，《高等建筑教育》1999年第12期。

化、全民化、终身化、个性化、国际化时，就表明它完成了现代性的深化”[①]。除了从现代化理论出发对高等教育现代化进行定义之外，也有学者基于价值角度理解高等教育现代化。比如张应强认为现代化首先表现为人的一种价值追求，其次才是在某种价值追求牵引下发生的转变和发展过程。[②]

受进化论的影响，阿什比认为大学的发展就如同生物体一样，是一个性质和功能都不断进化和改变的过程。克拉克·科尔也持同样的观点，大学的发展包括了规模由小到大、结构和功能由简单走向复杂的过程。在新古典主义发展观的作用下，“增长 = 发展”成为高等教育发展的主旋律。高等教育发展被理解为数量上的增长。而在结构功能主义者那里，高等教育的发展过程的实质就是高等教育的结构不断分化、高等教育的功能不断扩张的过程。马克思主义发展理论认为，发展是事物由小到大、由简到繁、由低级到高级、由旧质到新质的运动变化过程。因此，有人认为：“教育发展是一种社会的存在，是一个从低级到高级的运动过程，是一个从较低的水平或地位提高到一个较高水平或地位。[③]”

（二）高等教育发展动力

阿什比率先从高等教育的内部寻求高等教育发展的动力，他认为：“大学体系的规模与形式，不外主要由三种力量来决定，所有大学中的内在逻辑的力量、学生要求入学的力量与雇主需要毕业生的力量，这三者之间要保持动态平衡。”[④] 卢晓中认为社会需求影响高等教育的理念形成与发展，“随着时代的发展，社会需求与高等教育理念的关系日益密切，或者更确切地说，社会需求在高等教育理念形成

---

① 顾明远等：《比较教育导论——教育与国家的发展》，人民出版社 1996 年版，第 221 页。

② 张应强：《高等教育现代化的反思与建构》，黑龙江教育出版社 2000 年版，第 149 页。

③ 杨明：《教育发展的本质新探》，《教育评论》1996 年第 1 期。

④ ［英］阿什比：《科技发达时代的大学教育》，腾大春等译，人民教育出版社 1983 年版，第 113 页。

和发展中越来越起主导作用”[①]。这些都与结构功能主义的观点不谋而合，结构功能论将社会环境和需求视为高等教育发展的外源动力，高等教育作为维持社会系统稳定和发展的一个子系统，其结构的变化又是与社会结构相适应的，也就是说高等教育结构的变化往往体现了社会政治结构和经济结构对其要求的变化。从高等教育发展动力的研究来看，以往的分析往往从某一个因素出发，过于突出单一因素在高等教育发展动力中的作用，究竟高等教育发展中的哪一个动力影响最大是很难界定，因为是一种合力的结果。

房剑森借鉴阿什比的研究思路将高等教育发展的动力理解为“需求”，包括国家的需要、社会的需要（经济、文化）、个人的需要以及高等学校自身逻辑的需要，[②] 强调高等教育发展是综合作用的结果。马廷奇认为高等教育发展是由多种因素形成的“结构”动力所推动，由于多种“力”的强弱结构不同，决定了各国高等教育不同的发展模式和道路。[③] 熊志翔也认为任何事物发展的原因不外乎从事物的外部系统和内在体系两个方面来探寻，高等教育发展的动力体系也是由外源动力和内源动力两部分构成，社会环境和社会需求是高等教育发展的外源动力，高教制度体系是高等教育发展的内源动力。[④] 显然，高等教育发展动力的研究已经开始关注综合作用——合力。

二　高等教育发展研究的反面视角

马克思说：“在我们这个时代，每一种事物都好像包含有自己的反面。”发展与代价相伴而生，高等教育发展是创价与代价的统一。高等教育发展的代价研究作为反面视角是高等教育发展研究必不可少

① 卢晓中：《现代高等教育发展研究》，中国海洋大学出版社 2009 年版，第 45 页。

② 房剑森：《高等教育发展的理论与中国的实践》，复旦大学出版社 1999 年版，第 139 页。

③ 马廷奇：《高等教育发展的模式抉择和动力机制分析》，《教育与现代化》2003 年第 4 期。

④ 熊志翔：《高等教育制度创新论》，广东高等教育出版社 2002 年版，第 34 页。

的另一部分。国外关于高等教育发展价值问题的学者主要有菲利普·库姆斯（Philip Coombs）、弗莱克斯纳（Abraham Flexner）、博克（Derek Bock）。

库姆斯的专著《世界教育危机》（1985）分别揭示了“二战”后60年代和七八十年代中期世界教育面临的危机和发展代价问题。1945年以来，世界范围内的一系列变革使所有国家经历了异常迅速的环境变化。教育的发展和变化比过去任何时候快 。但是教育系统适应周围环境的速度却过于缓慢，由此产生教育系统与周围环境之前的各种形式的不平衡。在这些不平衡中，库姆斯强调教育供求之间的不平衡，不平衡不仅表现在数量上，更表现在质量方面。学生所学与他们的实际需求之间日益扩大的不协调和不适应是危机的核心所在。[①] 60年代—70年代末，世界所有国家都在经历一个由普遍存在知识分子短缺的时代向知识分子日益过剩的时代艰难转变的过程。很多以前把注意力集中于防止因人力不足而影响经济增长的人，开始吃惊于中等和高等教育毕业生数量的快速增长开始超过了就业市场的需求。这种教育供需之间关系的根本性转变暴露出来的种种不平衡和失调，不能简单通过提高经济发展速度来消除。[②]

弗莱克斯纳在其代表作《现代大学论》中谈到，之所以描绘过于灰暗的图画，是因为只有除去坏的事物，才能有效地发展好的事物，“一个四分之三美丽芬芳、四分之一杂草丛生的花园，会是一个非常糟糕的花园。人们会羞于展示它，因为花园里面应该没有杂草。杂草不仅不雅观，而且会占领并摧毁花园。大学里也不应该有任何杂草；它们不仅难看和不和谐，而且带来危险”[③]。博克指出高等教育发展问题主要包括教师与外界接触对学术自由的影响、大学技术转让带来的负面后果、道德教育的削弱、大学与世隔绝的代价等几个

① ［美］菲利普·库姆斯：《世界教育危机》，赵宝恒译，人民教育出版社2001年版，第34—35页。

② 同上书，第177—188页。

③ ［美］弗莱克斯纳：《现代大学论——美英德大学研究》，徐辉译，浙江教育出版社2001年版，第157页。

方面。①

我国系统关于高等教育发展代价的研究主要有李承先的《高等教育发展代价论》和汤晓蒙的《高等教育发展代价研究》两本专著。前者认为高等教育发展代价表现为代表高等教育发展趋势的实践主体为实现高等教育整体、快速、持续发展的主要目标，而对某些非主要目标有所放弃或牺牲的价值选择，分析了中国高等教育六大宏观发展模式及其代价，包括高等教育的依附式发展及其代价、集权式发展及其代价、革命式发展及其代价、市场式发展及其代价、非均衡发展及其代价、跨越式发展及其代价。将高等教育代价的成因分成高等教育外部和内部、社会和高等教育转型等。减少或抑制教育代价的对策研究包括树立代价意识、建立代价预警、反馈补偿机制、代价付出的原则、教育决策与代价的关系等。

后者认为，高等教育发展代价是指高等教育主体为实现高等教育发展目标所投入的成本、所作的舍弃与牺牲和所承受的消极后果。具体包括三个方面：为实现高等教育发展所消耗的物力、财力和人力，又可称为高等教育发展成本；为实现新的高等教育发展目标而舍弃或牺牲的价值。其中包括为实现主要发展目标和使用主要发展手段而导致的被抑制或舍弃掉的价值；为换取高等教育的新价值而牺牲掉的已有价值；所承受的消极后果，一是高等教育发展的内在矛盾性和客观制约性、复杂性所导致的消极作用；二是人为错误或失误所造成的背离高等教育发展价值取向的消极作用与后果。然后，以此作为现代高等教育发展代价研究的出发点。在此基础上，解释高等教育发展代价产生的原因、高等教育发展代价与高等教育发展的关系、建构合理代价思维和合理付出高等教育发展代价的方法。

高等教育发展研究的正面视角是对高等教育发展问题的基本认识，占据研究的主流。尽管从反面视角开展的高等教育发展研究不

---

① ［美］德里克·博克：《走出象牙塔——现代大学的社会责任》，徐小洲译，浙江教育出版社2001年版，第18页。

多，但是反面视角对于正确和全面认识高等教育发展具有认识论与方法论意义。代价以否定的形式反思高等教育发展的不足，反映出更高层次目标和追求，推动高等教育发展研究的发展。

第四章　高等教育发展研究构建的观点

当前，我国高等教育改革步入深水区，高等教育发展研究特别强调服务于国家高等教育发展战略规划需要。尤其是在探索建立高等教育发展的中国模式中，在以“双一流”政策推动建设世界高等教育强国的宏愿下，高等教育发展研究的宏大叙事取向仍然具有现实价值。因此，本研究坚持从宏大宏观的视角构建高等教育发展研究，通过建构高等教育发展研究的分析框架，探讨发展理论如何影响高等教育发展政策。

发展研究的构建绝不仅仅是一个简单的方法或技术问题，而是一种复杂的理论构建过程，并且遵循社会科学理论的构建范式。社会科学领域存在一系列认识社会世界的方式，通过这些不同的方式，对社会世界展开分析，从而形成复杂的社会理论主张。社会理论构建一般都包括这样的基本构架：本体论、方法论、价值论，对发展研究的构建同样遵循这一基本路线。这几个问题对应发展研究的部分是：高等教育发展的本质是什么？如何开展高等教育发展研究？高等教育发展的价值是什么？高等教育发展研究需要对这些问题有所回应。

关于方法论，第二章已经介绍过发展研究是从别的学科衍生而来，受到其他学科的理论观照以解决社会发展实践中的问题，它的每一次进步都必须强烈地依赖其他学科的发展，高等教育发展研究曾受到进化论、结构功能主义、新古典主义、新马克思主义等社会科学流派的影响，并形成相应的理论体系。

第一节　高等教育发展的本体论

本体论是以“是”为核心范畴逻辑地演绎成的纯粹的原理体系，即寻根究底地追问“是什么”的问题。“高等教育发展是什么”是最为核心的命题，也是高等教育发展研究的逻辑起点，高等教育发展涉及更为根本的问题是“发展是什么？”

一　发展的本质

“发展是什么”是个极为复杂的问题，但是“我们如果不掌握发展的内在含义，不管有多少关于发展的资料，用处也不大”[①]。虽然对“发展”的修饰、限定词越来越多，比如均衡发展、可持续发展、自由发展、全面发展等，但是对“发展是什么”的追问却是一切发展之基础。“发展”确实是个非常复杂的词汇，既可以描述当前社会状况，又可以是指向某种价值目标实践活动。对于发展是否包含价值意蕴存在争议，“价值中立者”认为发展仅仅意味着潜能的实现、自然的生长、朝向预定目标的过程。持此立场者主要基于作为研究者需从客观的角度去定义发展，而不能从主观的价值和愿望着手赋予发展的含义。发展、进步和成长都是相对的，发展在带来各种美好的同时也伴随着潜在的危机。

实际上，这种认识是由于受到自然科学理论范式的影响，主张社会科学也将“科学化”作为学科的发展目标，排除主观价值、强调研究的客观性成为研究成果的判断标准。然而，社会科学的这一诉求注定徒劳无功，因为自然科学与社会科学本质上是不同的，自然科学旨在描述客观事实，而社会科学的任务其实是在为世界赋予意义，最终为了改造世界服务，这种知识并非客观的描述性知识，而是一种解释性的工作。“发展”根本上是个规范性的概念，“我们不能回避那些实证主义者轻蔑地称作‘价值判断’的问题。‘发展’必然是个规

---

① 刘森林：《发展哲学引论》，广东人民出版社2000年版，第1页。

范性的概念，几乎与改进是同义词，如果佯装不知，则正好是隐瞒自己的价值判断”[①]。尽管我们常常会用一些指标（GDP等）来描述一个国家或一个地区的发展水平，看似以数据进行客观描述的背后实际上隐藏的是数量的价值目标，即以数量增长作为发展的内涵。

应当说，“发展”最初并没有价值色彩，完全是个中性词，最早可以追溯到古希腊哲学家那里，当时对“发展”理解大致可以分成两类，一种将其等同于运动变化，作为描述运动变化的词汇；另一种更接近近代胚胎学的理解。亚里士多德就属于前者，他认为“运动乃是具有运动能力的事物的潜能的实现”[②]。也就是说，运动是一种实现事物自身潜能的活动。他将运动分为广义和狭义两种形式，广义的运动指产生和灭亡；狭义的运动指事物数量、性质以及空间方面的变化。另一位古希腊哲学家卡思陀瑞狄思对发展的理解更接近胚胎学的解释，“有机体渐次向生物成熟的阶段演化就是发展。……简短地说，发展指涉的是一个实现本体的过程，由潜能（potential）而至行动（actus）”[③]。无论是何种理解，“发展”只被视作自然而然的过程，并没有包含任何的价值预设和判断。进入近现代以后，特别是进化论诞生之后，“发展”相当于“进化”，是“物竞天择、适者生存”的自然选择，是生物由简单到复杂、低级向高级演变的过程，此过程缓慢、渐进，演变的目标是趋于完善。辩证唯物主义是从事物运动变化的角度解释发展的内涵，它认为一切事物都处在运动变化当中，事物的运动变化既有量的变化，也有质的变化。辩证唯物主义认为发展是量变与质变、渐进与突变的统一，发展是从量变开始，经过一定的积累发生质变的过程。在这个过程中，事物从一种旧的质态变成一种新质态，由低级走向高级，由简单走向复杂。在现代化理论看来，现代化即发展。那么何为现代化？现代化是指一个国家或社会由落后向先进、由低级向高级、由不发达向发达转化的过程，包括了

---

① 罗荣渠：《现代化：理论与历史经验的再探讨》，上海译文出版社1993年版，第47页。

② 亚里士多德：《物理学》，张竹明译，商务印书馆2009年版，第69页。

③ 汤林森：《文化帝国主义》，上海人民出版社1999年版，第292页。

“经济方面的工业化、政治方面的民主化、社会方面的城市化、文化方面的世俗化以及市民生活方面的变化等”①。显然，“发展”开始具备了特定的价值目标和价值指向。

“二战”以后，发展成为了世界性的议题，随之而来的是发展学的兴起。作为发展问题的专门研究学科，“发展是什么”是该学科研究的逻辑起点，不过众多发展研究学者对“发展是什么”并没有达成统一的共识。著名的发展经济学家托达罗认为：“‘发展’既是一种物质现实，又是一种精神状态；通过社会的、经济的、制度过程的某些综合，社会取得了美好生活的手段。”② 另一位发展经济学家伯格概括为“一言以蔽之，发展意味着‘良性’的成长与‘可欲’的现代化”③。在我国学者刘森林看来，“‘发展’必定蕴含着一种趋向更好目标的方向性意义。在这个意义上，‘发展’显然是一个以现代价值为预设前提的现代词语”④。不难看出，作为专门研究发展问题的发展学对其核心问题“发展是什么”的释义仍是充满各类价值预设的，从目标上是指向“美好”和“更好目标”。那么何为“美好”“更好”？其判定的标准是什么？这样一来，“发展”的内涵必定是包含着价值判断的。

“发展是什么”实际上是由发展的价值目标所决定，“发展是主体对客体的凝聚着功利的、伦理的、审美的动态价值增值关系，是客体世界的合目的性运动”⑤。也就是说，发展本质上是一个实现价值增值的过程，即作为发展主体的人实现发展价值目标的过程，主要包括了功利的、伦理的、审美等价值目标的实现。价值一般被认为是客体属性对于主体需求的满足，即客体对于主体的效用。判断发展与否的根本标志是发展所带来的效用是否符合发展主体的需求，所以发展

① 庞正红等：《当代社会发展理论新词典》，吉林人民出版社 2001 年版，第 460 页。

② 齐良书：《发展经济学》，中国发展出版社 2002 年版，第 22 页。

③ 庞正红等：《当代社会发展理论新词典》，吉林人民出版社 2001 年版，第 4 页。

④ 刘森林：《发展哲学引论》，广东人民出版社 2000 年版，第 5 页。

⑤ 丁立群：《发展：在哲学人类学的视野内》，黑龙江教育出版社 1995 年版，第 27 页。

并不是一种客观事实的描述，而是一个价值判断。这就是说发展的衡量标尺是由人（发展主体）的价值观所决定，持有什么样的发展价值目标决定了如何理解发展。不同国家的发展主体在不同的历史时期有关发展的价值目标是不同的，符合价值标准的变化过程才被称作发展，这也就是为什么会出现不同发展观的直接原因。

二　高等教育发展的本质

“二战”后，由于战争带来的巨大创伤，世界各国都以恢复经济和稳定社会为发展目标，此时人们更多地关注经济发展，而高等教育只不过是经济发展的工具和附庸，在世界经济发展浪潮中被淹没。如今，高等教育从社会的边缘走向了社会的中心，高等教育机构日益成为结构复杂、职能多样的社会轴心结构，高等教育发展成为当前最值得关注的时代主题。由于高等教育发展的复杂性，对高等教育发展概念的认识也是复杂、模糊和多样的。纵观各种研究，对高等教育发展大致存在以下几种定义。

第一，“规模、结构、质量、效益”是界定高等教育发展的主要维度。这种界定的依据是《中国教育改革和发展纲要》提出的“90年代高等教育要适应加快改革开放和现代化建设的需要，积极探索发展的新路子，使规模有较大发展，结构更加合理，质量和效益明显提高”。比如有研究指出，教育发展应是一个综合的、系统的、全面的发展，它至少包括以下七个方面的主要内容：一是教育规模的扩大，它主要是指各级各类学校数量的增加和办学规模的扩大、教育者和受教育者人数的增加；二是人均受教育程度比重的提高，即一个国家中所受的各级教育程度的人口在全国总人口的比重；三是教育科学化水平的提高，这表现在课程设置、学科结构、教学方法与手段、教育测量、决策管理等方面的科学化；四是教育体制的进步；五是教育结构趋向合理化，主要是看一个国家教育事业的发展水平，以及所培养的人才的数量、质量是否符合经济建设和社会发展的需要；六是教育质量的提高；七是教育系统的后劲增强，也即系统具有一定的活力和较高的效率。①

房剑森认为高等教育发展主要包括规模扩大、质量提高、结构优化、效益提高、适应性增强等几个存在递进关系的内涵或基本指标。其一，数量增长是高等教育发展的第一要素指标，没有数量增长，就谈不上发展。但是高等教育数量增长不能代表高等教育发展，并且数量增长是一种振荡式上升趋势；其二，高等教育发展不仅要有数量的增长，更要有质量的提高；其三，高等教育发展不能只关注数量和质量两个方面，高等教育结构是更为重要的一个问题，如果结构不合理，即使数量发展了，某些质量也有了提高，但并不能达到预期的效果；其四，有质量保证的数量还必须与一定的投入结合起来，才能符合发展的要求，即高等教育资源利用效率。②

第二，受结构功能主义的影响，高等教育发展就是高等教育结构不断分化、功能不断扩展的过程。克拉克·克尔就认为，“高等教育的漫长的历史，就是包括一个从少数职能到很多职能的延续几个世纪的运动”③。高等教育最初的功能就是人才培养、传授知识。英国学者纽曼在其《大学的理念》中指出，大学的获得与知识的传播及掌握相关，而不是与新知识的探索及获得相关，教学是大学唯一的功能。19世纪末，洪堡在柏林大学改革时提出了“教学与科研相结合”的思想，扩展了大学的职能。20世纪初，美国赠地学院标志着大学直接服务社会职能的出现，正如克拉克·克尔所言，由于知识的爆炸及社会各业的发展对知识之依赖，大学已经成为社会的“服务站”。④

第三，从发展的指标出发，分解高等教育发展的内涵。中国社会科学院将教育经费占GNP的比重、中学生占12—17岁年龄人口的比

---

① 李立国：《“教育发展”应涵盖的主要内容》，《教育评论》1991年第1期。

② 房剑森：《高等教育发展的理论与中国的实践》，复旦大学出版社1999年版，第16页。

③ ［美］克拉克·克尔：《高等教育不能回避的历史》，王承旭译，浙江教育出版社2001年版，第263页。

④ 国家教育发展研究中心：《2000年中国教育绿皮书》，教育科学出版社2000年版，第85页。

重、大学生占20—24岁年龄人口的比重作为教育发展的指标。[①] 1990年5月，联合国开发计划署发表联合国人文发展报告，提出“发展的基本目标是创造使人健康长寿并能过上富有创造性的生活的环境”，并提出以平均寿命、识字率、像样的生活水平作为人文发展的尺度。2011年，经济与合作发展组织发布最新的《教育要览：OECD指标》，该指标体系将指标分为教育机构产出与学习结果，教育财政与人力资源投入，教育准入、参加与发展，学习环境与学校组织共四大类，其中每类都涉及高等教育指标。2011年，全民教育发展指数主要关注四个教育发展指数：调整后净入学率、15岁以上的识字率、基础与中学教育中的性别平等指数以及成人识字率、五年级的教育保持率。其中高等教育发展指标为第五级教育的存活率，这种高等教育发展指标不仅可以单独拿出来衡量高等教育发展，而且还可以进行国与国的比较，衡量各国在世界范围内的高等教育发展。[②]

第四，高等教育发展的价值维度。任何社会发展历程，都是在一定社会历史条件下，人们所进行的价值设定、价值选择、价值评判、价值追求等价值活动的实现方式，都必定具有一定的价值基础。在当代社会现实推动下，当代国外发展理论中先后出现了几种有代表性的发展价值观：单纯“经济增长”价值标准、“整体、综合性发展”的价值目标、“人类中心主义”的价值倾向、“可持续发展”的价值选择。[③] 有学者直接把高等教育发展等同于高等教育现代化，高等教育现代化就是在某种价值追求牵引下发生的转变和发展过程，[④]这实际上是从价值的角度对高等教育发展的一种认识。李承宪也持同样观点，他强调高等教育发展实际上是人对高等教育变化的一种价值呈现。高等教育发展首先是一个价值问题，只有厘清发展价值问题方能

① 朱庆芳：《我国社会发展水平到底居世界多少位》，《人民日报》，1990年7月9日第3版。

② 匡维：《高等教育发展指标存在的合理性分析》，《江苏高教》2012年第6期。

③ 范燕宁：《新时期中国发展观：兼与当代国外发展观的比较研究》，首都师范大学出版社1999年版，第219—220页。

④ 张应强：《高等教育现代化的反思与建构》，黑龙江教育出版社2000年版，第149页。

进一步讨论如何发展的问题。①

综上所述，高等教育发展绝不是简单客观的描述，而是包括着主体价值需要的一种价值追求。高等教育发展本质上是一个实现价值增值的过程，即作为发展主体的人实现高等教育发展价值目标的过程，主要包括了功利的、伦理的、审美等价值目标的实现。作为高等教育发展主体的人，基于一定的价值标准对高等教育各种变化进行判断，判断发展与否的根本标志是高等教育所带来的效用是否符合发展主体的需求。

第二节　高等教育发展的价值论

由高等教育发展本体论分析可以判定，发展必然要有价值参与，没有价值的发展就等同于无水之源、无本之木。价值，是客体对主体需求的满足。发展价值，就是发展作为客体对主体需求的满足，当然，这里的主体可以是个体的人，也可以是一般意义上的人，还可以是国家、社会等。只有发展满足了人们的各种需要，才有发展价值之说，否则发展价值只是空谈。所以，高等教育发展首先是一个价值问题，只有厘清高等教育发展具有哪些价值才能进一步讨论如何发展。其实从“发展是什么”的分析可以发现，发展价值在不同的历史阶段呈现精彩纷呈之景，在这里主要考察“二战”之后发展价值的演变。

一　发展价值的重大转向——从发展主义到新发展主义

（一）发展主义的僭越：唯经济增长

发展主义盛行于“二战”之后，它的兴起有其深刻的时代背景，由于战后各国都将发展经济作为重建国家的主要手段，寄希望于通过发展经济恢复昔日的繁荣。特别是受压迫的发展中国家更加迫切地希望通过经济增长摘掉贫穷落后的帽子，使国家走向繁荣富强。发展主

① 李承宪：《高等教育发展代价论》，学林出版社 2009 年版，第 2 页。

义是对发展本质有着共同价值信念的若干理论所组成的理论群，它们主要分布在发展经济学、发展社会学、发展哲学等发展学的分支学科中。发展主义的共同价值信念最集中表现为把经济增长视为社会发展的全部，即“经济增长 = 社会发展”，经济增长的快慢仅仅以 GNP、GDP 等数量指标作为衡量标准，发展主义的这一核心价值信念最早可追溯到古典经济学有关思想。古典经济学家不区分经济增长与经济发展，经济发展是社会发展的全部内涵。亚当·斯密在谈到对经济发展的认识时，认为经济增长表现为国民财富的不断增加，所谓国民财富代表着全体生产部门所生产商品总和，而国民财富增长的关键是劳动生产率的增长。李嘉图继承了亚当·斯密关于社会经济发展的思想，进一步强化了经济增长作为发展价值的唯一取向。

新古典主义继承了古典政治经济学的部分思想，其中之一就是将发展视作进步，进步的核心是通过经济增长来赶超先进的国家，此时的“发展”等同于“增长”。“经济增长理论”是新古典主义经济学的代表理论，它的产生主要来自战后修复经济创伤以及后发国家对发展道路选择的实践诉求。1955 年，美国普林斯顿大学经济学教授刘易斯在其著作《经济增长理论》中指出，“我们的主题是增长，而不是分配”①。显然，刘易斯仅仅是看到了发展的经济维度，国家的发展实质是指经济发展，经济增长等同于社会发展，所以他认为发展中国家解决发展问题就是要通过“二元经济结构”向工业化转化从而获得经济增长和发展。在刘易斯看来，发展可简单概括为“发展 = 经济增长 = 人均国民生产总值增长”。这种单纯以经济增长作为发展价值取向的发展观在当时受到普遍追捧和欢迎，甚至联合国的决策也受之影响。比如联合国的第一个“十年发展计划（1960—1970）”就将 GNP 等经济增长的指标作为发展中国家的主要发展目标。与此同时，无论是西方资本主义国家还是苏联、中国等社会主义国家，都受到该发展价值的深刻影响。从我国发展实际来看，有关国家发展的五

① ［英］阿瑟·刘易斯：《经济增长理论》，周师铭等译，商务印书馆 1996 年，第 4 页。

年计划在60年代只是冠之为“经济发展五年计划”，直到80年代才改作“国民经济和社会发展五年计划”。可想而知，当时把经济增长和经济发展等同于社会发展被视作理所当然的情形。

罗斯托的经济成长阶段论是另一代表性理论，他在《经济成长阶段：非共产党宣言》中指出，经济社会的发展是由不同的发展阶段组成的，依次是传统社会、起飞准备、起飞、向成熟推进或持续增长、高额群众消费五个阶段，后来他又作了修订，在高额群众消费之后加上了“追求生活质量”的阶段。“传统社会”是指非工业化社会，按照马克思的说法就是指资本主义之前的社会。在“传统社会”阶段，生产力低下，农业是整个国民经济的支柱，经济的发展主要依靠劳动力的多少所决定。“起飞准备”是“传统社会”与“向成熟推进”之间的过渡阶段，“起飞”则是两者之间的转折点，这一时期经济结构与发展方式会发生质变，经济发展从此进入快速增长时期，由此“经济成长阶段论”也被称为“起飞理论”。实际上，罗斯托仍然是只关注到了发展的经济维度，经济发展的不同阶段即人类社会发展不同阶段，具体的阶段依据也是以经济增长的各项指标作为划分标准。

（二）新发展主义的矫枉：价值多元化

发展主义的发展价值观在一定程度促进了世界各国的经济发展和社会进步，无论是发达国家还是发展中国家都找到明确的发展目标和方向，即促进经济增长。但是这种发展价值观无疑存在巨大的缺陷，以致很多国家出现了“有增长、无发展”的尴尬境地，因为经济增长能够带动整个社会发展的愿望并没有如愿，甚至有的国家出现“贫富两极分化”“民主缺失”“环境恶化”等严重问题，所以经济增长不是发展的全部，也不能解决发展中的所有问题。比如美国海外开发委员会主席詹姆斯·格兰特在1973年指出：“过去10年中大多数发展中国家的经济表明，仅仅靠国内生产总值增长率的不断上升并不能保证防止日益严重的贫困。”例如，按传统标准来看，墨西哥是非常成功的：“它的国内生产总值在过去15年，每年上升6%或7%。但是，与此同时，墨西哥的失业人数却一直在增加，而且穷人与富人之间的收入差距一直在明显扩大。”①

再以韩国的“急速现代化模式”为例：一方面，韩国是亚太新工业化地区“发展型国家”模式的成功实例，政府依赖其强大的资源掌控与社会动员，组织实现了国家的现代工业化，并迈入了世界发达工业化国家的行列（越过了所谓的中等收入或发展陷阱）；但另一方面，韩国并没有能够超脱资本中心或资本主义的发展偏向（尤其是在其逐渐融入世界经济贸易体系之后），也就难以避免资本主义制度环境下的生态不可持续和社会非正义问题。正因为如此，作为“发展主义”的批判性反思，世界范围里兴起了一股“新发展主义”思潮。

“新发展主义”是20世纪80年代后产生的最具影响力的思潮之一，不过由于其复杂、多元的特点，也被认为是后现代思潮的重要组成部分。“新发展主义”对“发展主义”的批判集中体现在对发展价值目标片面性的批判，即经济增长作为发展价值的唯一目标，发展价值被物质化、功利化，出现综合多元化的发展价值目标是“新发展主义”产生的标志。当然，“新发展主义”有着众多的理论载体，同样是在发展经济学领域初见端倪。比如美国发展经济学家托达罗指出：“发展不纯粹是一个经济现象。从最终意义上说，发展不仅仅包括人民生活的物质和经济方面，还包括其他更广泛的方面。因此，应该把发展看为包括整个经济和社会体制的重组和重整在内的多维过程。”② 作为一位发展经济学家，托达罗并没有偏安于经济学的单一学科视角，他对发展的理解已超越了狭隘的经济领域，不是简单的经济增长而已，而是包括其他更广泛的领域，更侧重于整个社会的变革。他特别强调发展中国家的人口控制、收入分配、社会的公平正义等问题，涉及物质、制度以及精神层面。

另一位发展经济学家西尔斯的观点与托达罗相似，他们关于发展的思想被联合国秘书长吴丹概括称作“发展 = 经济发展 + 社会变

① ［美］查尔斯·K. 威尔伯：《发达与不发达问题的政治经济学》，高铦等译，中国社会科学出版社1984年版，第19页。

② ［美］托达罗：《经济发展与第三世界》，于同申等译，中国经济出版社1992年版，50页。

革”，成为广泛流行的第二代发展价值观。西尔斯并没有排斥经济增长作为发展价值目标，而是在承认发展的经济价值基础上强调发展的其他价值目标，在他看来，经济价值不是发展的唯一价值，而是囊括了从经济到社会的各个领域。下面的这段话足以表明在他眼中，经济价值不是发展的唯一价值，发展价值囊括了从经济到社会的各个领域。“调查一国发展情况应提出的问题是：贫困状况怎么样？失业状况怎么样？不平等现象又是怎么样？如果这三方面都已不是很严重了，那么就这个国家而言，无疑已处于一个发展的阶段了。倘若这三个中心问题中的一个或两个更加严重，特别是三方面都更为恶化，那么把这种结局称作‘发展’就是一件怪事，即使人均收入业已大幅度提高。这方法当然也适用于将来。一个没有包含减少贫困、失业和不平等现象诸目标的‘计划’，难以被认为是‘发展计划’。”①

发展主义曾一度成为联合国的发展指导思想，不过在经历了相当多国家出现“有增长、无发展”滑铁卢之后，联合国也开始清算和反思发展主义的弊端，主要是通过召开一系列会议，研究和探讨发展的新理念、新途径。值得一提的是在1979年，联合国教科文组织希望从哲学角度深刻反思发展理念、发展战略，邀请了法兰西学院佩鲁教授撰写了《新发展观》一书，被视作为联合国提倡“新发展主义”的序幕之作。“新发展观”的核心思想可概括为“整体的、内生的、综合的”，顾名思义，整体的发展即社会生活的方方面面都是发展的内涵；内生的发展即依靠自主的发展；综合的发展即第一产业、第二产业及第三产业，自主发展与对外合作，资源开发与保护等方面的协调发展。早在20世纪60年代，佩鲁就已经在一些论文中指出，“发展是促使一个民族的实际总产值能够得到连续性的长期增长的各种思想变革和社会变革的结合”②。他开始意识到发展决不仅仅局限在经济领域，还包括社会一切可能的其他领域，并且是一种变革性的，与

① ［美］亨廷顿等：《现代化理论与历史经验再探讨》，罗荣编译，上海译文出版社1993年版，第51页。

② 高飞乐：《发展理论的历史演进》，《理论学习月刊》1998年第1期。

吴丹概括的“经济增长+社会变革”如出一辙。

在1962年出版的《新独立国家的经济》一书中，他进一步揭示了发展的内涵，“发展是思想结构和社会习俗改变。这种改革不但能够促使实际总产值增长，而且能使个别领域的进步变成整个社会的进步”①。该论断指出了“增长”“发展”和“进步”三者之间的内在联系：经济增长仅仅是发展的手段，发展的终极目的是整个社会的进步。这不仅突出了发展的整体性价值，还显示出佩鲁特别强调文化价值对于发展的意义，甚至当作制约经济发展的决定因素。因为经济活动自始至终都存在于一定的文化环境当中，对文化环境存在强烈的依赖，更为重要的是经济增长作为发展价值目标的合理与否还取决于社会文化。“内生的”发展观直接否定发展主义的“二元论”思维方式，由于发展主义将“传统”和“现代”、西方与非西方、发达与不发达直接等同，认为非西方发达国家只有通过经济增长，重走西方国家的发展道路才能完成现代化，进入发达国家的行列，而这正是新发展观所拒斥的。“内生的”发展观要求发展中国家能够充分调动国内的一切内部力量和资源，特别是人力资源开发和利用，重点是要依赖本国的文化价值体系，这才是社会发展（包括经济发展）的关键基础。综合的发展旨在加强不同地域、不同部门之间的内部联系，实现社会结构朝着最佳化发展。佩鲁认为旧发展主义以市场为尊，可是并没有消除世界上的贫困，所以需要以相应的国家权力调节市场。综合的发展追求的是一种平衡发展，而不是最大化发展。

被称作“发展伦理学之父”的德尼·古莱是新发展主义的另一代表人物。在他看来，发展决不仅仅是经济学领域的一个研究主题，发展涉及人类生活的各个领域，是一个综合性的问题，既存在于经济领域，也存在于政治领域，更存在于文化领域，所以不是经济学或者某一门学科可以解决。就伦理学的视角而言，他认为发展学科就是要研究如何达到更加人道的经济，所以发展离不开道德领域，他反对“发展主义”把生产或物质福利的增加当作发展的价值目标，特别是

① 高飞乐：《发展理论的历史演进》，《理论学习月刊》1998年第1期。

不假思索将做大经济蛋糕等同于追求美好生活的目标。从根本上看，这种发展模式只是停留在“如何发展”“如何增长”的手段上，并没有思考“发展是什么”“为什么要发展”？其后果就是发展的手段和目的倒置，发展手段绝对化、发展价值物质化。

对此，古莱则反对将发展的过程视为发展的目标，发展的过程只是追求的手段，它不是价值本身。在更深层次上，发展的价值就在于人们生活质量的充实，也就是他口中的“美好生活”，“美好生活”的内容和形式就成为了发展的主要内涵。美好生活的内容包括发展带来的一切社会公认的共同价值观，包括最大限度的生存、尊重与自由。古莱认为这些是普适性的发展价值，虽然可能在不同时期、不同地方的表现形式存在差异，但它们足以代表人们对发展的普遍性需要。首先，“真正的价值来自维持或丰富生命的力量，价值直接在于生命机能，而不在于它的来源、稀缺性或者所花的人力”[①]。无论是保守的农民，抑或是现代化的鼓吹者对此都是毫无异议的，所以维持生命是发展最重要的目标之一，各国人民平均寿命往往作为发展的主要指标也是最好的例证。其次，“尊重，就像维持生命一样，是各个社会的普遍目标：无论它们接受或抵制发展，这种抉择的背后是同样的价值观”[②]。也就是说，不发达国家因为物质财富和技术力量的缺乏而蒙受不快，发展的主要动力来自期望发达国家的尊重。相应的，抵制发展的原因就在于发展的战略侵犯到了有关群体的自尊。最后，“自由”并不是一般意义上的自由，比如政治自由、言论自由，而是指大多数人能不受限制地施展所长。著名的经济学家、诺贝尔奖的获得者阿马蒂亚·森（Amartya Sen）的发展观也是新发展主义的重要组成部分，他的发展观可以用他的一本著作名称来概括，即“以自由看待发展”。在他看来，自由是发展的最高价值标准，也是发展的主要手段。而工业化所带来的财富、技术进步以及经济的高速增长只

① 德尼·古莱：《发展伦理学》，高铦等译，社会科学文献出版社2003年版，第50页。

② 同上书，第53页。

不过是工具性范畴。他所谓的“自由”是指“实质自由”，即发展能够使人们免受衣食住行、疾病等问题的困扰，能够使人们获得各种发展的机会。当然，新发展主义还有一批人物和著作，其共同之处就是不再强调经济增长作为发展的唯一价值目标，而是追求发展价值的多元化、综合化。

二 从发展价值到高等教育发展价值

（一）高等教育价值与高等教育发展价值

高等教育发展价值是高等教育发展作为客体对作为主体的人的需要的满足。高等教育价值与高等教育发展价值是一对相近概念，通过两者的比较能够更为准确地认识和理解高等教育发展价值。首先，从概念的所属理论范畴来看，高等教育价值是高等教育基本理论的基础概念，高等教育价值一般可分为个体价值和社会价值，个体价值主要是培养人的价值，社会价值主要有高等教育的经济、政治、文化价值。而高等教育发展价值是基于发展学的视角审视高等教育所产生的概念，高等教育的本质就是发展的，它目前至少经历了“高深学问的教育”“大学教育”和“第三级教育”三种不同的表现形式，当然这种发展仍然在持续并且始终着眼于应然的价值预设，由此产生了高等教育发展价值。同时，两者又是密切相关的一组概念。高等教育价值更具有一般性，是更为基础性的概念，在任何时期、任何地点都是存在的。而高等教育发展价值更为强调“发展”这个概念，也就是强调高等教育价值的动态变迁，是具有时间和空间限定的概念，如果没有高等教育发展，或是离开时间和空间，就不存在高等教育发展价值一说。

正如前面所分析，发展的实质是一个价值增值的过程，主要表现为发展价值目标的实现，由此可知，“高等教育发展是指高等教育在与社会互动中实现自身价值增值的合规律和合目的的动态过程”①，

① 白玫：《现代高等教育发展理论研究》，博士学位论文，华南师范大学，2010年，第29页。

也就是说，高等教育发展的实质就是高等教育价值增值的过程，所以作为客体的“高等教育发展”所产生满足主体需要的价值与高等教育价值无异，只不过高等教育发展价值产生自高等教育发展的动态过程中，并且是在强化高等教育价值。

（二）高等教育发展价值分类

根据不同的角度和方式可以对高等教育的发展价值进行划分，比如根据物质与精神的二元视角，可分为高等教育发展的物质价值和精神价值，物质价值包括了满足主体物质需求的所有方面，精神价值属于主体精神层面的需求。本研究并不试图建立一个新的标准去规范高等教育发展价值，而是仍然根据主体的不同将高等教育的发展价值划分为高等教育发展的个体价值和高等教育发展的社会价值，这一划分基本涵盖了高等教育发展的价值构成，但肯定不是全部。高等教育发展的个体价值指高等教育发展满足个体生活的各种需要，高等教育发展的社会价值指高等教育发展满足人们社会关系的需求，包括了经济、政治、文化等方面的需求，此划分也与高等教育价值的类型基本一致。当然，无论是高等教育发展的社会价值还是个体价值，从根本上说都是人的价值。潘懋元教授曾指出：“对高等教育作价值判断实际上就是对高等教育可能发挥什么功能，实际又发挥了什么功能做出判断。”① 那么对高等教育发展作价值判断也就是对高等教育发展可能发挥什么功能和实际发挥了什么功能做出判断，可以肯定的是高等教育发展必然强化高等教育的基本功能，即加强了高等教育的个体功能和社会功能，所以高等教育的发展价值肯定涵盖了高等教育的价值，至于可能发挥什么功能（可能的发展价值）在这里就不作探讨。

1. 高等教育发展的个体价值

由于个体需要的多样性以及作为客体的高等教育发展不断变化，所以高等教育发展对个体的价值是多方面的，主要包括提升个体的综合素质、改变个体的社会地位等。

① 潘懋元：《现代高等教育思想的演变：从 20 世纪至 21 世纪初期》，广东高等教育出版社 2008 年版，第 16 页。

高等教育是通过知识的传授、能力的培养、人格的熏陶来培养高级专门人才的一种活动。接受高等教育的个体在不断学习高深学问的过程中，无论是知识的广度还是深度都有了质的飞跃，不仅知识的量获得增长，关键还形成了完善的知识结构。接受高等教育还可以使个体的学习、研究能力获得显著增长，有研究表明，知识量的增加以及知识结构的形成与人的智力成长和能力增长存在正相关，因此，高等教育在扩大人的知识面的同时也在发展人的各种能力，特别是研究能力，这是高等教育给予个体最宝贵的价值之一。高等教育机构尤其是一些有着较长历史的大学，素有良好的人文传统、丰富的大学精神文化，这些无疑对个体人格的塑造、精神气质的培养具有潜移默化的作用，比如熏陶人的气质，陶冶人的情操，丰富人的精神世界，在这个方面，阿什比认为对大学毕业生来说："具有教养比具有高深学识更为重要"①。

当前正处在知识经济不断深化的时代，即以知识为基础的经济，高等教育又具有知识生产、传播的功能，而这些功能必须通过人来完成，因此人力资本已经成为推动经济发展和社会进步的主要力量。接受过高等教育的个体是人力资本的重要载体，这能够改变个体的不利社会地位，即融入社会精英的群体当中，所以高等教育能够促使个体向上流动。再者，当前一些社会地位较高的职业岗位无不对应聘人员的学历作出了基本的限定，从现实的角度来看，取得高等教育的文凭就等同于获得了提升社会地位的入场券。

2. 高等教育发展的社会价值

同样，由于社会需要的多样化，所以高等教育发展对社会的价值也是多样的，包括政治价值、经济价值、文化价值等。

（1）高等教育发展的政治价值

高等教育发展的政治价值是指作为客体的高等教育发展对主体政治需要的满足，即把高等教育发展作为一种为国家发展服务的工具。

---

① ［英］阿什比：《科技发达时代的大学教育》，滕大春译，人民教育出版社 1983 年版，第 9 页。

事实上，高等教育的发展也离不开国家的发展，两者可谓休戚相关。高等教育的发展并不能够直接为国家发展服务，而是主要通过培养人才间接为国家发展服务。一方面，高等教育为世界各国培养政治领袖和政治精英。比如在英国，1951 年有 80.5% 的保守党议员上过牛津和剑桥大学；在美国，1789—1953 年间，约有 67% 的高级政治领导人是大学毕业；在日本，1937 年在 1377 名文职官员中，有 1007 名即 73.6% 是东京大学的毕业生。①

另一方面，高等教育向培养对象系统地灌输一定的政治理想和信念，复制主流的政治文化，加强受教育者对现行的政治体制的认同。每个国家都会强调高等教育对青年一代施加政治影响，比如我国的《高等教育法》还有其他一系列的教育政策都强调高等教育要为社会主义培养建设者和接班人。此外，高等教育还可以促进政治发展的民主化。世界银行和联合国教科文组织的“高等教育与社会特别工作组”在 2000 年发表的《发展中国家的高等教育：危机与出路》谈到了高等教育在促进现代民主政治发展中的作用：“更普遍地说，一个社会如果希望建立并维护一个多元的、对公民负责任的民主制度，那么它可以从一个强有力的高等教育部门获得两方面的益处：首先，高等教育可以承担研究和解释民主制度的任务。其次，高等教育有助于培养民主所需要的有识见的公民。”②

（2）高等教育发展的经济价值

高等教育发展的经济价值是指高等教育发展对主体经济需求上的满足。发展的经济价值在一段时间内占据着社会发展价值取向的主导地位，不可避免影响到了高等教育的发展价值，高等教育的发展能够促进经济的增长和发展一度成为世界各国发展高等教育的重要依据。当然，高等教育发展的经济价值并不是政府或个人强行赋予的，而是高等教育发展自身决定了存在着满足主体经济需求的属性。美国曾有

---

① 张应法等：《现代高等教育原理》，山东大学出版社 1996 年版，第 40 页。

② 世界银行、联合国教科文组织：《发展中国家的高等教育：危机与出路》，蒋凯译，教育科学出版社 2001 年版，第 36 页。

学者使用著名经济统计学家安格斯·麦迪森（Angesi Maidisen）的数据，估算了西方六国高等教育对国内生产总值平均增长率的贡献，见表4－1。西方六国的高等教育对GDP增长的贡献率在1973—1984年间与1913—1950年间相比有了质的提高。特别是美国高等教育对其GDP的贡献率一直处于领先地位，这与美国强调高等教育发展在国家发展中的重要地位有关。事实上也有研究证明，1982—1990年，中国高等教育对经济增长的贡献度仅0.48%，而在短短10年期间，由于国家在政策上的重视和正确引导，中国的高等教育获得长足的发展，高等教育对经济增长的贡献度增长到2.035%，是前8年的4.2倍。①

表4－1　　高等教育对GDP增长的贡献率②　　单位：（%）

年份	1913—1950	1950—1973	1973—1984
美国	1.29	2.6	14.61
英国	0.39	1.08	8.64
日本	1.05	0. 61	2.48
德国	0.48	0.24	4.2
法国	0.99	1.57	10.52
荷兰	1.23	0.71	5.9

高等教育发展的经济价值可以分为高等教育发展的直接经济价值和间接经济价值。高等教育发展的直接经济价值主要体现在扩大高等教育的规模以达到直接刺激消费来拉动经济的增长，此时的高等教育发展内涵被看作“规模增长”，包括学生、教师数量的增多，高校面积的扩大以及与规模相关的各个方面。比如亚洲开发银行中国代表处的前首席经济学家汤敏上书高等教育扩招的重要理由就是通过刺激高等教育的需求以达到恢复和促进经济的发展，他主

① 李雯、查奇芬：《中国高等教育对经济增长的贡献有多大?》，《统计与决策》2006年第4期。

② 崔玉平：《中国高等教育对经济增长的贡献》，《北京师范大学学报》（社科版）2000年第1期。

张三年内高等教育招生数量增加一倍，按照每生每年 10000 元学费的标准，可以多收学费 200 亿元，也会增加这部分学生在校的消费。同时加上大学附近的各种相关产业的发展，还有产生一系列的投资效应，高校扩招对拉动经济增长的作用大约可以提升 GDP0.5 个百分点，差不多有 1000 亿元之多。

高等教育发展的间接经济价值，就是高等教育发展对经济发展产生了间接的促进作用，这种间接的联系是通过科学研究、培养高素质的人才、高等教育结构优化等方式发生作用的。此时，高等教育发展的内涵包括了科学研究水平的提高，培养更多适应经济发展的各类高素质人才，高等教育的结构更加合理。众所周知，科学技术是推动生产力发展的重要因素，正如经济增长理论指出一个国家的经济增长能力是建立在先进技术基础上；并且技术的不断进步和创新是这种能力的来源 。已有研究表明，发达国家科学技术对经济增长的贡献率达 60%—80%。所以，现代科学技术已成为不折不扣的第一生产力，是推动经济增长的主要动力。不过，知识才是科学技术的最初形态，科学技术的创新从根本上是知识的创新。而大学是知识生产创新、传播的集散地，可以认为大学是推动科学技术进步和发展的核心机构。随着产学研一体化的不断深入，大学的最新研究成果和技术创新相继被引入生产领域，直接促进经济的增长。在我国，特别是一大批研究型大学的科研成果纷纷与经济市场对接，有效促进了经济持续发展，并制造了不少家喻户晓的知名企业和品牌产品。

“人力资本理论”是关于教育发展存在间接经济价值的最具影响力的理论，舒尔茨认为教育对消费的贡献可分为对现在消费的贡献和对未来消费的贡献两大类，而教育的未来消费是一种生产性投资，教育为不断发展的经济提供所需要的人力资源，因此增长经济最有效的手段就是对教育的投资。实际研究也发现在 1960—1978 年间，注重人力资本密集战略的国家和地区，实际人均国民生产总值平均增长率为 4.68%，而实施物质资本战略的国家和地区则为 3.86%，进入 20

世纪 80 年代，两者差距越来越大。[①] 所以高等教育通过不断地培养适应经济发展需要的高素质人才能够促进经济的增长。至于高等教育结构的优化，特别是层次结构以及科类结构的合理，本质上也是为了培养适应产业结构需要的人力资源，实际上仍然是通过人力资本对经济发展产生作用。

（3）高等教育发展的文化价值

高等教育发展的文化价值是指高等教育发展对主体文化上需求的满足。广义上，高等教育本身就是文化的组成部分，高等教育发展自然会促进文化的进步。狭义上，高等教育发展的文化价值主要体现在文化的传承、交流、创新上。

文化的发展是通过传承、交流、创新实现的。高等教育不仅承担着所有教育阶段都发挥的文化选择与传承的功能，而且更为重要的是高等教育还肩负着文化的交流和创新功能。胡锦涛在清华大学百年校庆讲话中再次肯定了高等教育是优秀文化传承的重要载体和思想文化创新的重要源泉。人类文化源远流长，文化的传承是人类社会发展的重要组成部分，除了无意识的文化环境影响之外，人类的大部分文化都是通过教育机构有意识的传承，而高等教育机构（大学）更是文化传承的重镇。大学集结了人类数千年重要的精神文化遗产，通过书本、讲座等形式将人类的文化精华传授给青年一代。

随着经济全球化的盛行，文化全球化也成为一股不可逆转的趋势，高等教育在某种程度上推动着这股趋势。比如各国大学都在翻译出版其他国家的经典学术著作，相互派遣学者讲学、留学生学习，这个过程的实质是各国文化的交流，也就是说大学能将世界不同文化置于同一平台，展示不同文化的优劣和差异，使各国文化交流甚至融合成为了可能。甚至在一定意义上大学可以发挥独特优势以消弭文化冲突。文化的创新是高等教育有利的条件所带来的独特功能，因为大学汇聚了来自社会各界、世界各地最优秀的专家学者、青年才俊，是思想火花极易发生碰撞的学术圣地，学术研究的目的就是为了生产新知

① 薛澜：《“九论世界经济发展宣言”草案》，《人民日报》，2003 年 11 月 3 日第 4 版。

识、新文化。同时，大学的学术自治和学术自由也保障了文化创新的可能，为文化创新提供了适宜的土壤。

3. 高等教育发展的其他价值

以价值主体的不同进行分类尚不能完全归纳高等教育发展价值，因为有些价值是社会和个体作为主体兼具有的。比如，长期以来，公平、效率、质量等是社会和个体共同的价值追求，它们也是高等教育发展追求的重要价值。高等教育发展的公平价值是指高等教育发展对主体公平需求上的满足，这里的主体就包括了个体和社会，对于社会公平需求上的满足在一定程度上会和高等教育发展的政治价值重合，此时体现的是高等教育发展对国家在公平需要上的满足。那么，高等教育发展对于个体公平需要的满足就表现为高等教育发展的个体价值。高等教育公平不仅是社会公平一部分，也是实现社会公平的重要途径。

历史上众多教育学家都曾指出教育（高等教育）对于社会公平的重大意义。比如贺拉斯·曼（Horace Mann）认为："教育是实现人类平等的伟大的工具，它的作用比任何其他人类发明都要大得多。"① 杜威曾经说过："我相信——教育是社会进步及社会改革的基本方法。……坚持学校是社会进步和改革最基本的和最有效的工具，是每个对教育事业感兴趣的人的任务。"② 在他看来，教育的主要功能在于通过人的培养及发展以促进社会平等。我们都知道，人的发展受诸多因素影响，主要有先天性的遗传因素、社会环境以及教育。在遗传和社会环境相对稳定的情况下，教育成了影响人发展最为至关重要的因素，可以说教育是保障公平的重要工具，试想如果此时教育本身缺乏公平，就更加谈不上促进社会的公平，只会制造更大的不公，社会公平只能是虚幻的泡影。尤其是高等教育，在社会经济、政治地位等存在差异的时候，高等教育是改变社会地位的重要途径，因此高

① ［美］约翰·布鲁贝克：《高等教育哲学》，王承绪等译，浙江教育出版社 1998 年版，第 71 页。

② ［美］杜威：《我的教育信条》，华东师范大学教育系译，人民教育出版社 1980 年版，第 43 页。

等教育公平应该也必须成为高等教育发展的价值。高等教育的发展政策和战略需要在促进和维护高等教育公平价值的基础上制定和实施。根据《21 世纪的高等教育：展望与行动》所指出，“高等教育应是根据个人成绩对一切人平等开放，使更多的人接受高等教育”，所以高等教育公平的核心是人们接受高等教育权利和机会平等。

事实上，高等教育发展确实促进了高等教育公平的实现程度，这是高等教育公平的基本前提。不过，也有观点认为高等教育公平并不是高等教育规模扩大的结果，“这种平等很可能为才智平庸者提供超出其能力所能利用的太多的机会，或给才华出众者提供的机会则不能满足他们的需要——这两者都是不平等的”①。虽然不能认为高等教育发展与高等教育公平有必然的因果联系，但是高等教育公平理应成为高等教育发展的价值目标和追求，高等教育的发展政策和战略需要在促进和维护高等教育公平价值的基础上制定和实施。

效率是发展的必然价值，是所有发展价值主体所期望的，没有效率的发展显然不可称之为“发展”，效率自然是高等教育发展的价值之一。在经济发展领域，效率与公平往往被视作一对矛盾的价值存在，由于受到经济领域的影响，高等教育研究界近年来也对高等教育公平与效率作了一些探讨，研究者对效率与公平的看法也更为理性和客观，主要表现在并不简单地把经济领域效率与公平的关系移植到高等教育领域。实际上，效率与公平是两种高等教育发展的价值取向，前者其实是经济学、管理学角度生成的价值，后者是从伦理学、社会学视角下生成的价值，两者很难产生对立和冲突，只有在高等教育资源紧缺的情况下才可能为了效率而牺牲公平，而这种牺牲一时的公平，从长远来看还是为了实现公平。

第三节　个案分析：教育内外部关系规律

教育内外部关系规律是由我国著名高等教育学者潘懋元教授提出

① ［美］约翰·布鲁贝克：《高等教育哲学》，王承绪等译，浙江教育出版社 1998 年版，第 72 页。

的教育的基本理论，也是高等教育发展研究的重要成果。迄今为止，学术界关于“教育内外部关系规律”的学理性及实践价值展开的大讨论共有两次，每次争鸣都引发学术界广泛关注。诚然，学术争鸣是深化学术研究和促进学术进步的动力，真理性的认识往往也是在学术争鸣中愈辩愈明。若要深入认识教育理论的科学性，我们需要回到理论建构过程本身。社会科学理论的建构一般包括本体论、方法论、价值论三个范畴，构建教育内外部关系规律需要从上述三个范畴入手，如果仅仅从某一个视角出发，难免无法全面认识和把握教育规律。

一　教育内外部关系规律的本体论

教育内外部关系规律的本体论回避不了“教育是什么”的问题，不过在此之前首先要回答本质是什么。所谓本质，乃一事物区别于其他事物的决定性属性。《辞海》对本质解释为：“在哲学上与‘现象’相对：组成辩证法的一对范畴。本质是事物的内部联系。它由事物的内在矛盾所规定，是事物的比较深刻的一贯的和稳定的方面”，规律则是指“事物发展过程中的本质联系和必然趋势”。不难看出，相比于规律，本质是更加基础的一个范畴，如果没有教育本质，必然不存在教育规律。

教育为什么是教育，而不是政治，不是经济，不是文化，必定存在某种区别于政治、经济、文化的根本属性。虽然我们无法在“教育本质是什么”上达成共识（有生产力、上层建筑等各家之说），但教育本质并不因为这种差异而消失，不能因为我们认识上的短暂和局限而否认教育本质的存在，相反正因为如此我们才更有勇气相信本质的存在。在对教育认识过程中的不断自我纠正才是在步步逼近教育的本质。就“高等教育”而言，它历史地经历了“高深学问的教育”“大学教育”和“第三级教育”三种不同的表现形式，在每一种表现形式的阶段都呈现出相应的特征，似乎每一个阶段出现的特征都可以成为区别于其他社会活动的本质属性。“高深学问的教育”旨在培养官吏和神学人士，“大学教育”致力于从事知识的生产创新活动，“第三级教育”培养社会发展所需要的各类专门人才，同时包括研究高深学问的学术型人才。高等教育每一个阶段的特征是否就是高等教育的本质？答案毫无疑问是否定的，当然不能认为某一个时期的高等教育阶段性特征就是高等教育永恒不变的本质。在这一点上，有观点把高等教育某一个阶段区别于其他社会活动的特征视作高等教育的本质显然是不合适的，即认为“高等教育的本质是知识的再生产活动”，这仅仅是高等教育在“大学教育”阶段所体现出的阶段性属性。高等教育的本质所应体现的是万变不离其宗的属性，而不是阶段性的某种特征，换言之，即使高等教育的形态不断继续发生变化，我们依然可以清晰地理解和把握它。

潘懋元教授对于教育本质的认识也是教育学界最为认同的普遍表述，即教育是一种培养人的社会活动。虽然这一认识在表面上并未揭示出更多的教育内涵，实则不然。笔者以为该论述体现了教育属性中最核心的特征——“培养人”。无论历史上的任何一个时期，也无论教育的形态如何呈现，“培养人”始终是它区别于其他社会活动的根本属性，并且因为教育是一种社会活动，所以它必须放在社会这个大环境中实施。既然教育的本质是“培养人”，那么“培养人”与社会的其他活动的本质是什么关系呢？以政治为例，马克思、恩格斯认为“政治就是参与国家事务，给国家定方向，确定国家活动的形式、任务和内容”。一方面，国家的方向、国家活动的形式、任务和内容直接制约“为谁培养人”“培养什么人”以及“如何培养人”这一系列活动；另一方面，通过教育培养出来的人参与国家事务活动又进一步对国家活动的方向、内容形式产生影响，形成一个循环作用的机制，教育与其他社会活动的关系也大致如此。基于此，潘懋元提出了教育的外部关系规律，“教育要受到社会的经济、政治、文化等制约，并对社会的经济、政治、文化等的发展起作用”。

“人的培养过程中存在一些最基本的关系与作用：（一）教育与教育对象的身心发展以及个性特征的关系。教育过程既要受到教育对象身心发展、个性特征所制约，又要引导和促使教育对象的身心转向预期的培养目标健康发展；（二）人的全面发展教育各个组成部分的关系。在教育过程中必须促使德、智、体和谐发展；（三）教育者（教师）、教育对象（学生）、教育影响（教育载体、媒体，主要形式为教科书等）诸要素的关系。教育过程中要发挥教师的主导作用。学生的主体能动性。善于运用教育影响。以获得最佳的教育效果"[①]。这一系列的关系和作用的综合被潘懋元称为教育内部关系规律。"培养人"作为教育的本质必然涉及教育者、教育对象和教育影响三大要素，这三大要素之间的作用和关系构成了教育内部关系规律的基本内容。潘懋元对教育三大要素进一步细分，教育对象与教育影响之间的关系和作用构成了第一个层次，教育影响的具体内容之间的关系和作用构成了第二个层次，第三个层次是三大要素之间关系和作用的总和。实际上，归根结底"教育内部关系规律"就是指作为"培养人"的过程中所参与的三大要素之间的关系和作用的总和。

二　教育内外部关系规律的方法论

认识论与方法论本身是纠缠不清的，不同的认识论往往会导出不同的方法论，不同的方法论又会影响认识论的构建。在哲学史上，方法论的各种问题跟认识论的各种问题过分交织在一起，比如美国学者威廉·佩伯雷尔·蒙塔古（William Pepperell Montague）把方法论分为逻辑论与认识论，认为前者研究达到知识的途径，后者研究揭示知识的途径。[②] 所以本文没有把教育内外部关系规律的认识论作为一个单独讨论的主题，而是融入方法论中一同审视，因而此处的"方法论"可理解为认识教育内外部关系规律的理论视角以及方法的总称。总体而论，系统论和复杂性理论是认识教育内外部关系规律的两大方法论。

系统论认为系统是由若干要素组成的具有特定结构和功能的有机整体，整体性、层次性是系统的基本特征。世界是由无数个系统组成的，每一个系统又是由若干个子系统构成。系统处在一定的环境当

① 潘懋元：《新编高等教育学》，北京师范大学出版社 2006 年版，第 13 页。

② 威廉·佩伯雷尔·蒙塔古：《认识论的途径》，吴士栋译，商务印书馆 2012 年版，第 4 页。

中，并对环境存在强烈的依赖性，因为系统需要与环境之间进行物质、信息和能量的交换，否则将会崩溃瓦解。正因为如此，系统必然会受到环境的影响和制约。人类社会是由许多子系统构成的多层次、多类型的大系统，教育只是其中一个子系统，它与社会的其他系统（政治、经济、文化、人口等）存在相互作用，其他子系统也构成了教育系统的外在环境，教育对这个外在的环境存在强烈的依赖，与这些子系统存在物质、信息、能量的交换。因此，教育这个子系统必然受到外在环境的影响和制约。据此，潘懋元教授认为教育同经济、政治、文化等的必然联系与关系就整个社会大系统来说是内部关系，但对教育系统自身来说是外部的关系。所以他把教育与政治、经济、文化等的必然联系与关系称之为教育的外部关系规律，即教育要受社会经济、政治、文化所制约，并对社会的经济、政治、文化发展起作用。教育系统也是由若干要素所构成，并且教育系统依然也包含若干子系统。这些组成要素之间、若干组成系统之间的必然联系与关系对于教育系统而言是内部关系，潘懋元认为这些内部必然的联系与关系就构成了教育的内部关系规律。另外，系统论还指出系统是有层次的，高层次的系统是由低层次的系统构成，高层次包含低层次，低层次从属于高层次。具体而言，高层次制约低层次，低层次系统的规律要受制于高层次系统的规律，高层次系统的规律通过低层次系统的规律间接影响低层次系统。由此可知，教育外部关系规律制约着教育内部关系规律，当教育外部关系规律与内部关系规律发生矛盾时，应以教育外部关系规律为先。比如，“高等教育扩招”政策出台之后一直饱受争议，有部分学者认为“扩招”违反了教育内部关系规律，尤为突出的是教育者、教育影响等无法应对扩招带来的冲击，主要表现为师资匮乏以及各类教学硬件设施落后等。但是由于我国经济高速、持续的增长，社会急需大量高素质应用型专业人才，加快高等教育的发展步伐以满足社会日益增长的人才需求迫在眉睫，因此该举措符合教育外部关系规律。

复杂性理论是教育内外部关系规律的另一方法论，是由法国哲学家埃德加·莫兰（Edgar Morin）提出。何谓复杂性？莫兰认为“复杂的东西不能被概括为一个主导词，不能被归结为一条定律，不能被划归为一个简单的观念；复杂性是不能用简单的方式来加以定义并取代简单性的东西。复杂性是一个提出问题的词语，而不是给出解决办法的词语”①。他是针对传统科学世界观认为世界的本质是有序的，无序只是事物的表象的反思与批判。当然，复杂性思维并不仅仅是对传统科学观的否定，而是对它的整合。可以认为传统科学观是从普遍规律和原则出发去认识特殊事物，而复杂性思维是从已有的规律的有效性的范围和条件出发，说明它们的相对化和条件化，这两种思维方式是相互补充的。

从教育的复杂性出发，我们可以认为教育内外部关系规律是一种确定性与不确定性相统一的规律，这也是辩证唯物主义在教育规律范畴内的体现；教育内外部关系规律根本上是一种非线性规律。一方面，教育内外部关系规律是作为解释并指导教育活动的规律，我们可以通过教育活动来深化对教育规律的认识。通过世界教育发展历程可知，教育活动在整体上呈现一定的确定性。比如教育的发展必须与社会政治、经济、文化等相适应，教育要适应人的身心发展。毫无疑问这是两个基本的、确定性的规律，但同时教育活动是一种复杂性活动，不同国家、地区、民族、社会阶层都会在共同的生活中产生自己相对独立的思维方式和价值观念，形成特有的文化传统，这种文化传统时时刻刻都在影响着人们的行为方式和思维方式，文化传统还随社会的发展不断地变化，不同国家、地区、民族、社会阶层在遵循这两个确定性教育规律的同时会采取适应自身文化需要的教育。如果将“适应”简单地理解为教育对经济活动单方面的适应，显然是对教育外部关系规律的曲解。

另一方面，教育内外部关系规律是一种非线性规律。所谓非线性，与线性相对，是指函数含有高次方（幂）的项，它的图像不是一条直线；线性是指函数只含有一次方（幂）的项，它的图像表示

① 埃德加·莫兰：《复杂性思想导论》，陈一壮译，华东师范大学出版社2008年版，第1页。

为一条直线。教育的复杂性使得教育活动中的本质联系不可能简单地呈现一种线性的因果关系，而是一种非线性的联系。教育系统的复杂性体现在三个方面：1. 教育与社会其他子系统之间存在密切的相互作用，在整个社会大系统下呈现一种非线性关系；2. 教育系统是由众多子系统通过一定形式的相互作用构成，这种连接各个子系统的相互作用并不是一种简单的线性形式，更多的是各种非线性形式在起作用；3. 教育活动中的两大主体——教师和学生，都是复杂的个体。“人一旦作为一种复杂性的存在进入教育过程，无论是从人作为教育系统基本要素的角度也好，还是由于人的复杂性而导致的教育对外在环境开放的角度也好，简单教育过程中那种人为的稳定与有序的运作状态必然会被打破，而出现一种动荡的‘涨落’起伏状态。”①

三 教育内外部关系规律的价值论

教育内外部关系规律的价值是学界争论的焦点，比如有学者认为“适应论”是一种历史的误区，甚至给教育实践带来极大的危害。②有观点则针锋相对提出“‘两个规律论’‘教育适应论’是历史的必然，在理论上、实践上对我国的高等教育的发展、社会的发展起了积极的推动和引领作用”③。鉴于此，本文并不直接介入教育内外部关系规律价值的讨论，而是从教育价值的角度来认识教育内外部关系规律理论，因为教育规律与教育价值关系密切，教育规律是教育活动中不可违背的客观依据，教育价值是教育活动的功能和效果在满足教育活动主体需要上的反映，只有当主观与客观相统一，教育活动才能获得良性、持续的发展。不仅如此，教育规律的归纳与提炼往往受到教育价值观的影响，有学者甚至认为“所谓的社会理论的建构从广泛

---

① 么加利：《走向复杂——教育视角的转换》，西南师范大学出版社 2002 年版，第 23 页。

② 展立新、陈学飞：《理性的视角：走出高等教育“适应论”的历史误区》，《北京大学教育评论》2013 年第 1 期。

③ 杨德广：《高等教育“适应论”是历史的误区吗——与展立新、陈学飞商榷》，《北京大学教育评论》2013 年第 7 期。

意义上而言，实质就是要对社会现实赋予意义”①。因此，准确反映教育活动中各个主体需要的教育价值是正确认识教育规律的前提。

教育价值在一定程度上可以通过教育功能呈现，一般认为教育具有促进个体社会化和个性化的个体功能以及政治、经济、文化等社会功能，即教育对人和对社会的两大价值。高等教育的个人价值包含发展个人综合素质、改变个人社会地位等；高等教育的社会价值包括促进政治民主化，促进经济发展，促进文化传承创新等。现代高等教育正日益成为社会中心，有关高等教育社会价值的认识也更加丰富和深化，比如有学者就认为“高等教育发展愈来愈具有对社会变革的引领功能”②。不难发现，高等教育价值是静态与动态的统一，涵盖了高等教育的所有已发现功能以及尚待发掘、指向未来的功能在满足主体需要上的多种反映。潘懋元教授也认为教育内外部关系规律体现在高等教育与社会发展和人的发展关系上，高等教育促进个人发展的价值是高等教育的本体价值，高等教育促进社会发展的价值是高等教育的工具价值。教育内外部关系规律是建立在高等教育价值多元化的基础上，既肯定了高等教育的政治、经济、文化等工具价值，承认高等教育的发展受到外在工具价值的制约和引导，又重视高等教育培养人的本体价值。秉持教育价值多元化的规律观才能够实现主观与客观的统一，才不会让人产生“规律是为我所用”的错觉。然而有观点却从根本上摒弃高等教育价值多元化，仅仅强调高等教育价值的一元性，否认和批判高等教育的工具价值。这种认识不仅割裂了教育价值的历史发展性，也与当前的教育现实甚至是教育学基本常识相矛盾。建立在一元主义高等教育价值追求基础上的教育规律观是不可取的，势必无法全面准确地认识和表达教育规律，也在很大程度上造成对教育内外部关系规律的误读。

教育内外部关系规律是潘懋元在准确把握教育本质，运用系统论

---

① ［英］彼得·华莱士：《发展理论导论》，李小云等译，社会科学文献出版社 2008 年版，第 4 页。

② 卢晓中：《社会变革视野下高等教育发展理论创新》，《高等教育研究》2010 年第 10 期。

及复杂性理论，坚持教育价值多元化的基础上的历史性成果。不可否认它仍需要不断地丰富和完善，因为“如果一个体系想要产生接近‘真理’的东西，它就必须经常纠正错误”[1]。比如，高等教育“引领论”便是对教育内外部关系规律的丰富和发展。潘懋元教授也自谦道：“学科建设，应把最终建立完整的科学理论体系作为一个长远努力的目标。追求达到这个目标，已不是我力所能及，只能期望于正在成长的年轻的高等教育理论工作者。”[2] 总而言之，构建科学完整的发展理论不可偏安一隅，否则只能是空中楼阁，或是昙花一现。

① 约翰·齐曼：《可靠的知识——对科学信仰中的原因的探索》，商务印书馆 2003 年版，第 9 页。

② 潘懋元：《关于高等教育学科建设的若干问题》，《高等教育研究》1993 年第 2 期。

第五章　高等教育发展研究在美英两国应用

前面几章主要是围绕发展理论的历史发展及高等教育发展研究构建的观点，说明发展理论是如何作用于发展政策，即直接的影响表现为发展理论的理论观点和概念话语成为高等教育政策文本的内容和话语，间接的影响表现为发展理论通过高等教育发展价值影响高等教育政策。相比之下，前者在政策内容中有所体现；后者在政策目标、政策效果上起作用。前一部分属于理论研究，依靠的是逻辑推演。本章将运用理论部分构建的分析框架，讨论发展理论对世界主要国家高等教育政策的影响，属于应用研究。毫无疑问，这部分不打算也绝不可能阐述所有的发展理论对世界上所有国家高等教育政策的影响，而是选择一些国家作为代表，从历史的角度描述某一个时期的发展理论对该时期高等教育政策的影响。

鉴于发展理论主要兴起于20世纪以后，因此本部分主要侧重20世纪后的发展理论对高等教育政策的影响。关于国家的选取，基于主客观因素的综合考虑，选择了世界高等教育发达国家美国和英国，一方面发展理论在美、英两国最先开展并且极为活跃，对美英两国各类发展政策的影响显著；另一方面从政策资料收集角度来说，以往的研究对这两国的关注最多，为本研究的开展提供较大的便利。本章及下一章都会使用在第四章中提出的一些概念，如高等教育发展的经济价值、政治价值、公平价值等，还包括质量、效率等可视作价值范畴的概念，这些高等教育发展价值都是发展理论影响高等教育政策的要素。

第一节 发展理论对美国高等教育政策的影响

作为世界头号强国，美国在政治、经济等各个方面都备受研究者关注，20 世纪甚至被称作美国的时代，美国的高等教育也由最初仅被视为相当于德国文实中学的文凭，到如今被奉为高等教育发展的典范，这种翻天覆地的变化无疑是值得深思和考究的。自“二战”以后的 20 年，被美国人称作美国高等教育发展的黄金时代，无论是接受高等教育学生的数量，还是高等教育的质量都得到极大的提升。不可否认，高等教育政策在引领美国高等教育发展上产生了不可磨灭的重大作用，是高等教育大飞跃、大发展的直接推手，而高等教育政策的制定受何种发展理论的影响、如何受影响则直接关系到高等教育政策的实践效用。发展理论对美国高等教育政策的影响可用表 5－1 展示，后面再以文字进行详细描述和说明。

表 5－1　　发展理论对美国高等教育政策的影响

发展理论	发展价值	高等教育政策	政策目标	政策效果
国家危机论	政治价值	1944 年《退伍士兵权利法案》、1958 年《国防教育法》等	妥善安置退伍士兵；加强国防需要。	解决社会问题，培养政治精英。
教育民主化 公平发展理论	公平价值	1965 年《高等教育法》	保障弱势群体受教育权利以及对资源的公平分配。	促进了高等教育机会均等，建立了完善的资助体系。
新公共管理理论与高等教育市场化	效率与质量	1983 年《国家处于危机之中——教育改革势在必行》《为高质量而行动》等	使高等教育更具竞争性、选择性，以此提升高等教育质量。	增强了高等教育质量意识，构建高等教育质量文化。

一　国家危机论视角下政府直接干预：政治价值

需要特别说明的是强调政治价值并不是指高等教育政策在发展价值取向上仅仅选择了政治价值，而是这种价值相对其他价值更为突出和明显，或可称之为主导价值。国家危机论，是指美国联邦政府和广大公众经常把教育、尤其是高等教育的发展视为关系国家安危以及生死存亡的一个关键性因素。[①] 应当承认，美国是个危机感很强的国家，比如第二次世界大战从某种程度上对美国意味着是一次发展机遇，它是"二战"的最大赢家，然而美国人居安思危，认为"二战"之后是个危机重重的时期，战后的两个报告充分显示出美国人的危机感。一个是1947年美国总统高等教育委员会的报告指出："原子时代的到来强化了未来的不稳定，这使高等教育具有了更大的责任，也更突出了……发展教育和科研的必要性。今天的教育努力来对付人类的世界范围的危机是至关重要的……我们文明前途的确定，取决于教育的方向，不仅仅是遥远未来的方向，而且是最近的方向。"

另一个是布什博士向政府提供的名为"科学——无止境的疆域"的咨询报告：美国在战争年代所做的只是用美国人的机智把以前欧洲科学家所做出的基础研究加以应用，此外并无长进。若再这样依赖下去，将对国家安全构成威胁，工业的进步会落后于其他国家，并且在国际贸易上也将处于劣势。报告强调"最重要的问题是，基础研究最适宜的地方是学院、大学和某些有成就的研究机构"[②]。从两个报告的内容中可以看出，美国对战后世界局势充满着危机意识，将走出危机与发展教育联系起来，认为教育尤其是高等教育是解决国家危机、保持国家优势的根本途径。

其实国家危机论不只是美国的专利，从世界范围来看，早在19世纪初德国就将教育发展同国家的命运相连，由于普法战争的失利，

---

① 陈学飞：《美国、德国、法国、日本当代高等教育思想研究》，上海教育出版社1998年版，第22页。

② N. M. Pu：*American Higher Education* 1945 - 1947，Cambridge ：Harvard University Press，1978，pp. 69 - 70.

普鲁士除了丧失领土之外，还失去了哥廷根等大学。著名哲学家费希特冒着生命危险回到法国占领的柏林，在柏林科学院发表了著名的《对德意志民族的演讲》，倡议建立柏林大学，希望通过高等教育上的复兴和繁荣洗刷战争失利之痛，重新挽救和振兴普鲁士。他指出，在捍卫领域主权上已经没有力量再做任何抵抗了，现在唯一能做的就只有通过教育培养高尚的后代，这才是继续生存的目标，教育是摆脱奴役、挣脱灾难的唯一办法。进入20世纪50年代，德国更加深信现代社会的竞争就是教育的竞争，教育的发展决定了国家的发展，教育成为国家发展不可忽略的重要议题。

布鲁贝克（John S. Brubacher）系统论述了美国高等教育存在和发展的哲学基础，其中也涉及了国家危机论。他在《高等教育哲学》中把美国高等教育发展赖以存在的哲学基础概括为以认识论为基础的和以政治论为基础的。认识论的高等教育哲学认为人们追求高深学问是出于“闲逸的好奇”，就如同人们好奇其他任何一件事一样，知识本身就是探讨的目的，体现的是一种为知识而知识的学习态度。政治论的高等教育哲学追求高深学问不仅因为自身的闲逸好奇，而且因为高深学问对于国家的发展有着深远的影响，大学是理解现实社会复杂问题的地方，为解决各种复杂的难题提供了所需的高深专业知识。也就是说，美国人视高等教育为解决国家危机、社会问题的灵丹妙药，他们习惯于大学去解决政府、企业、个体所面临的政治、经济、教育等领域的问题。在国家危机论的直接影响下，一批凸显高等教育发展政治价值的高等教育政策应运而生，最为典型的是20世纪40年代的《退伍士兵权利法案》和50年代的《国防教育法》。

美国联邦政府素有妥善安置退伍士兵的传统，比如独立战争和南北战争结束之后，政府对这些作出贡献的退伍士兵予以经济上的补偿，在保障他们生活的同时也维持了社会的稳定。不过，第一次世界大战结束后刚好遭遇经济危机，虽然美国政府已经竭尽全力去安置退伍士兵，但由于资源紧缺再加上士兵数量众多，导致士兵安置工作没有得到很好的解决，引发了长期的社会骚乱，对美国社会安全和发展造成极大的破坏。随之不久，美国又被迫卷入第二次世界大战中，为了保卫家园，美国大约有1200万人入伍，告别家乡亲人投入世界反法西斯的战场。随着法西斯分子在战场上的节节败退，反法西斯战争的胜利指日可待，一批颇具远见的政治家、经济学家已经开始思考战后美国经济发展和改革的一些事项，特别是担心1000余万的退伍军人突然回国可能会产生一系列问题。比如如果没能及时安置这么庞大数量的退伍军人可能会导致严重的骚乱，这对整个美国的战后重建和经济发展都是极为不利的。

因此，退伍士兵的安置工作被美国政府提上日程，罗斯福总统亲自对这个问题表达了看法和建议，他关于退伍士兵安置的一系列建议促进了《退伍士兵权利法案》的出台。1944年6月22日，美国国会通过了《退伍士兵权利法案》，主要内容如下：联邦政府向在战争中服役超过90天的美国退伍士兵提供各种经济补偿的优惠措施，以报答退伍士兵在战争期间的贡献，对不能马上就业的退伍士兵提供合理的失业救济，按周支付，但时间最多不能超过1年；联邦政府为退伍士兵提供在退役以后接受免费的教育或技术训练的机会（接受教育训练的时间总共不能超过4年），并向他们提供必要的学习用具和生活补贴，向单身的退伍士兵每月提供50美元的生活津贴（其后又增至75美元），向已婚的退伍士兵每月提供75美元的生活津贴（其后又增至100美元），以帮助他们完成中等或高等教育。①

《退伍军人权利法案》最直接的政策目的是为了妥善安置退伍军人，视高等教育发展作为缓和解决国家和社会问题的工具，充分彰显了高等教育发展的政治价值，但是这一政策也在客观上推动了高等教育的大发展。比如在高等教育经费上获得了前所未有的联邦财政的资助，联邦政府针对这个法案总共支出了145亿美元，虽然退伍军人的生活费用占了很大比例，但是高等院校还是获得了一笔可观的资助，据估计差不多有50亿美金流入了高校，大大缓解了高校经费不足的状况，对高等教育发展的贡献是不言而喻的。在人才培养上，1944

① 王英杰：《美国高等教育的发展与改革》，人民教育出版社1993年版，第208—210页。

年，只有 8200 名退役军人接受了高等教育。但是到 1945 年 11 月，已经有 8.8 万退伍士兵进入高校学习。在这之后，高校掀起了一股“退役军人大潮”。直到 1956 年，退役军人事务局统计，接受高等教育的退役军人达到了 223.2 万。退伍军人在接受高等教育之后综合素质获得了提升，树立了无私、谦逊、有责任感、懂得感恩的形象，甚至被称为“美国最伟大的一代”。

据统计，在该法案终结执行的 1956 年，受益于《退伍士兵权利法案》的美国退伍士兵中有 45 万人成为优秀的工程师，24 万名会计师，23.8 万名教师，91000 名科学家，67000 名医生，22000 名牙医，还有成千上万的专业技术人员，他们成为 20 世纪 60 年代美国政治、经济、文化、教育等社会核心领域的骨干，其中包括美国前总统乔治・布什和美国前国务卿基辛格等著名世界风云人物。[①] 因此，从政策效果来看，《退伍士兵权利法案》直接促进了政治精英、社会各界骨干的培养，实现了高等教育的发展为国家发展服务的目的，再次表明高等教育发展的政治价值是符合该时期美国社会的实际利益。

一般认为，1957 年，苏联卫星的成功发射直接刺激了美国《国防教育法》的出台。实际上，苏联卫星升空只是一个导火索，《国防教育法》的迅速通过是与复杂深刻的国际背景密切相关。第二次世界大战以后，美国可以说是最大的受益者，本土远离战火使其免受战争所带来的直接创伤，借此机会美国一跃成为头号资本主义强国。随着“二战”胜利以后，由于意识形态的关系，同盟国的军事联盟开始瓦解，又形成了美、苏争霸世界的局面。为了对抗苏联，美、英、法等 12 个国家成立了“北大西洋公约”的军事联盟组织，而苏联也不甘示弱，与东欧各国成立了“华沙条约组织”。可以说，美、苏两国开始了在政治、军事、经济、科技、教育等领域势均力敌般的全面对抗。

然而就在 1957 年 10 月 4 日，苏联成为世界上第一个发射了人造

① Humes, Edward, *Over Here: How the G. I. Bill Transformed the American Dream*, New York: Harco, 2006, p. 171.

卫星的国家，这在美国眼里，科技领域的平衡状态被打破了，朝野上下都为之恐慌。美国人痛定思痛，反思科技领域被苏联超越的原因，认为根本问题在于教育的落后，这依然是国家危机论的表现。时任美国参议员的林登·约翰逊（Lyndon Baines Johnson）称这是“第二次珍珠港事件”，“美国朝野为之震惊，纷纷指责美国学校教育水平落后，指责学校教育是美国整个防御战略中最薄弱的环节”[①]。著名教育家科南特（James Bryant Conant）认为：“苏联在技术上的突破，正是因为苏联建立了增强苏联技术优势所需要的教育制度。”[②] 在这样的背景下，美国国会迅速通过了意义重大的《国防教育法》，艾森豪威尔总统在签署这一法令时指出，这是一项紧急措施，是要通过这项法令巩固美国的教育制度，使美国的教育能够满足美国安全需要。

《国防教育法》指出：“国家的安全需要最充分地开发全国男女青年的脑力资源和技术技能。……本国的国防有赖于掌握由复杂的科学原理发展起来的现代技术，也有赖于发现和发展新原理、新技术和新知识。本法的目的是加强国防并鼓励和援助教育方案的扩充和改进，以满足国家的迫切需要。”[③] 这段话指明了《国防教育法》制定的政策目的是为了加强国防以及满足国防的重大需要，毫不掩饰教育发展的政治价值，而掌握复杂的科学原理，发现新原理、新知识、新技术都是与高等教育密切相关，这些都是高等教育不可替代的功能，高等教育发展与国防之间的关系被上升到一个新的高度，曾经很难想象高等教育会与国防联系在一起。不可否认，此前有部分大学科研人员参与一些军事科研项目的研究，但只能表明大学与国防之间仅仅是很微弱的联系，然而《国防教育法》的实施彻底地改变了这一状况，高等教育的发展被视为国防的利器。

《国防教育法》中直接与高等教育有关的主要内容有：授权联邦

---

① 张维平、马立武：《美国教育法研究》，中国法制出版社2005年版，第143页。

② 沈红：《美国研究型大学的形成与发展》，华中理工大学出版社1999年版，第83页。

③ 王英杰：《美国高等教育的改革与发展》，人民教育出版社1993年版，第224页。

政府对各州教育机构提供不少于7000万美元的年度拨款，用于资助各州更新教学与实验设施，用于加强自然科学、数学和外国语科目的教学；授权联邦政府为美国所有确有天赋且愿意继续深造的美国学生提供足额的无息贷款，并发放奖学金，确保他们不因缺乏财力而失去接受高等教育的机会；授权联邦政府设立国防奖学金，大力发展研究生教育，以应对美国科研机构和高等教育机构对高层次人才的需求；为确保国家所需的实用技术人才的质量和数量，授权联邦政府为各州提供1500万美元的年度拨款资助各州发展职业技术教育，对在校学生和当地社区居民学习者进行职业技能教育和职业培训。① 与《退伍军人权利法案》一样，该法令同样突出了高等教育发展的政治价值，但是政治价值也是需要通过高等教育的功能得到充分发挥才得以实现的。

从政策实施的效果来看，在《国防教育法》颁布实施以后，高校规模得以扩大，不仅带来了高校数和高等教育入学人数增多，而且扩大了研究生层次人才的数量。据统计表明，美国高等院校的数量从1958年的2011所增加到1968年的2483所，高等院校在校学生人数也从1958年的322万人增加到1968年的692万人，其中，在校学生人数超过万人的高等院校达179所。② “自《国防教育法》颁布到1969年，共150万人靠国防贷款上完大学，1.5万人完成博士学位学习。”③ 除了使高等教育的硬件方面大发展之外，良好的科研制度和环境也是这次法令的贡献之一。大学从联邦政府获得了大力资助，科研经费相比1957年的2.17亿美元，1968年达到了15.09亿美元，力度之大前所未有。在这样的强力资助下，美国产生了世界著名的研究型大学，它们以科学研究和研究生培养为主要职能，以优良的学习、科研环境，吸引了来自世界各地的学术精英和青年学子，成为了智力资源的中心、世界一流大学的典范。

---

① 瞿葆奎：《教育学文集·美国教育改革》，人民教育出版社1990年版，第118页。

② 高英彤：《〈国防教育法〉的颁布对美国高等教育发展的影响与启示》，《河北师范大学学报》（教育科学版）2006年第3期。

③ 王英杰：《美国高等教育的改革与发展》，人民教育出版社1993年版，第38页。

此后，选择和强调高等教育发展的政治价值一直都在美国的高等教育政策中有所体现。1983 年《国家处于危机中——教育改革势在必行》强化了对政治价值的选择，2002 年美国教育部发布的《2002—2007 年教育战略规划》特别强调教育与国家的全球政治、经济、军事竞争之间的联系，尤其是“9·11”事件发生以后，教育对于国家的安全作用再次被重视。联邦部长罗德·佩奇在陈述《2002—2007 年教育战略规划》时谈到“9·11”事件对教育的影响。他认为：“‘9·11’使得教育的重要性超过以往任何时候。它使教育的目标，比如提高学生的成绩、培养坚定的品格和公民精神、提升教育质量等，显得更为紧迫。除此之外，它还提醒我们所有人必须确保孩子们的安全。《国家处于危机中》的发表使我们肯定了教育的经济价值，现在我们认识到教育对国家安全和民主制度的重要性。”①

二　公平发展理论影响下的《高等教育法》：公平价值

民主和公平一直是美国社会倡导的社会目标。“二战”之后，虽然美国在经济上取得了不俗的成绩，但是个体之间的收入差距在增大，还有强烈的种族歧视等社会问题成为了美国社会的不稳定因素，教育又被当作解决这些问题的法宝，当然，教育本身也是人们争取公平的重要领域。特别是 20 世纪 60 年代后，在教育民主化理论和发展公平论的强烈呼唤下，美国政府开始关注教育发展中的教育机会的均等问题。

教育民主化的内涵丰富，其核心是教育机会的均等。在英才主义哲学以及平等主义哲学的影响下，教育机会均等主要包括了英才主义教育机会均等和平等主义教育机会均等两个阶段。英才主义哲学主张高等教育不应该向所有人开放，不是生来就有的权利，是少数有兴趣、有能力的人赢得的权利。1954 年发表的《美国的专门人才资源》报告强调了英才教育的重要，它指出：“民主的理想即平等机会的理

---

① U. S. DE（2002）：《U. S. Department of Education Strategic Plan2002 - 2007》（http//www. ed. gov/ pub/ straplan2002 - 07 /index. html）.

想；民主的理想主张每一个人尽最大可能发挥其才能，这既有益于个人也合于社会的需要。但是平等的计划并不意味着平等的造诣或对所有人才同等使用。一些人能力更强，能够胜任其他一些人不能胜任的工作……只有唯能是举，而不管他们是来自农村还是城市，也不管他们的肤色、宗教信仰或经济地位。”平等主义哲学主张高等教育是每个人的权利，应当向所有人开放。

1968 年，美国卡内基高等教育委员会发表了题为《质量与平等：联邦高等教育责任的新高度》的报告，报告指出：“在今天的美国，机会平等与平等入学的联系日益紧密；我们还没有做到平等入学：经济障碍和种族障碍阻挡着许多潜在的有能力的美国青年。几乎二分之一的大学本科生来自全国三分之一收入最多的家庭；只有百分之七的来自收入最低的家庭。”可以发现，美国的有识之士已经发现了英才主义教育机会均等的缺陷：使原本身处不利局面的人们更加缺乏接受高等教育的机会。总的来看，英才主义的教育机会均等论在 50 年代占据统治地位，打破了以往仅以学费和社会地位作为高等教育入学标准，在一定程度上增加了高等教育的入学机会，但是仍然没有解决经济条件、少数民族等因素造成的高等教育入学问题。60 年代以后，平等主义的高等教育机会均等论大行其道，它主张人人都有接受高等教育的权利，当然这种平等观也不是没有问题的，它也可能带来质量下降等问题。

罗尔斯的“公平发展理论”对《高等教育法》的影响深远，除了在公平价值上的彰显外，甚至成为了《高等教育法》制定的立法原则和方法。在罗尔斯看来，正义即公平，他在《正义论》的第一章就以此作为标题。他认为，“正义的基本主题就是社会的基本结构，或者说得更准确些，就是主要的社会体制分配基本权利和义务以及确定社会合作所产生的利益分配的方式”①。民主社会的标志是具有正义的社会制度，只有在正义原则下建立了社会制度，人们的活动

① ［美］约翰·罗尔斯：《正义论》，何怀宏译，中国社会科学出版社 1998 年版，第 3 页。

才会是正义的活动。针对当时理论界盛行的功利主义原则，罗尔斯认为应该在正义原则的支配下调节社会制度以解决社会的不公。罗尔斯提出了公平的三大原则：其一，人人皆有相同的自由；其二，人如果因地位或者其他原因而受到了差别待遇，这些原因要向大众交代；其三，对于处于不利状况的人应提供相应的补偿。他的三大原则包含了两种公平观，一是均等的公平，二是不均等的公平，即前者是平等对待相同者，后者是不均等地对待不同者。反映在教育公平上，第一种公平观所体现的一种教育精神是“人人都应该享有教育的权利”，至少包括了受教育机会的均等和受教育的自由权；第二种公平观所体现的教育精神是一种差异的平等，即为不同的受教育者提供不同的教育。

《高等教育法》的出台直接受到罗尔斯公平发展理论的影响，在政策目标上，政府通过立法旨在保障弱势群体受教育权利以及对资源分配的公平。1965 年 11 月 8 日，约翰逊签署了美国第一部《高等教育法》，它的宗旨是加强高等院校的教育条件，加大对接受中学后教育和高等教育学生的资助。它的主要内容有：联邦政府保证对各州的高等院校提供长期的财政资助，确保各高等院校有足够的财力购置完善的硬件设施，这些是保障高等教育质量的基本条件；积极资助高等教育开展中学后教育，还要为当地的社区提供服务；联邦政府继续为在校生提供国防学生贷款、个人勤工俭学等项目，还承诺为所有愿意接受高等教育的美国公民提供助学金和低息担保贷款，保障他们的学业不受经济压力的困扰；以奖学金的形式资助攻读博士学位并愿意到高等学校工作的人。

一言以蔽之，资助贯穿整个《高等教育法》，资助的对象包括教师、学生、院校，通过对三者的资助以达到“公平”价值的实现。具体的策略有为贫困偏远地区输送高水平的教师以保证地区之间师资力量的公平；为处于不公平处境下的学生提供丰厚奖学金，避免他们失去公平的受教育机会；为条件落后的社区学院、黑人学院提供资金帮助。

在政策影响上，《高等教育法》是美国历史上具有跨时代意义的一部法案，不仅仅因为它是美国第一部系统的高等教育法案，更为重要的是它对美国高等教育发展的影响深远，尤其是促进了高等教育民主化、加快高等教育公平的实现。它的影响具体表现为：

第一，促进了高等教育机会均等，推动了高等教育规模的快速增长。据有关资料统计，1958 年美国高等教育机构数为 2011 所，到 1968 年增至 2483 所，其中《1965 年高等教育法》颁布后的 3 年间新增高等学校 291 所。1958 年，美国高校在校学生人数为 322.6 万人，占适龄人口的 21.2%，《高等教育法》颁布后的 1966 年上升为 592.8 万人，到 1968 年又增至 692.8 万人，占适龄人口的 30.4%。[①] 同时，黑人学生和西班牙民族学生的高中毕业率分别由 20 世纪 70 年代初期的 73% 和 59.5% 上升到 2000 年的 83% 和 62%；他们的大学入学率分别由 80 年代的 19% 和 16% 上升到 2000 年的 31% 和 22%；他们的大学毕业率分别由 70 年代初期的 11% 和 7.7% 上升到 1996 年的 38% 和 45%。[②] 由此可见，《高等教育法》确实促进了教育机会的均等，推动了高等教育大众化的进程。

第二，建立了完善的资助体系。《高等教育法》第四章对资助的对象、形式和标准做了非常详细的规定，资助对象从在美国高等学校学习的学生扩展到所有愿意深造的美国学生，资助形式从提供国防学生贷款、勤工助学机会再到提供教育机会助学金和低息担保贷款，资助的标准是要确保他们不因经济困难而失去继续深造的机会，并且能够顺利毕业。《高等教育法》扩大了资助对象的范围，提高了资助的力度，逐步建立了较为完善的高等教育资助体系来保证高等教育的机会均等。

除了《1965 年高等教育法》之外，另一个彰显公平价值取向的政策就是自 60 年代以来美国政府实施的“肯定性行动计划”，它包括了旨在消除一切种族歧视和性别歧视的所有政策，反映在高等教育上主

---

① 张维平、马立武：《美国教育法研究》，中国法制出版社 2004 年版，第 317—318 页。

② Alterman, Richard C, “Manpower Policy and Individual Need in the Development of Federal Aid to College Students”, *The University of Education*, 1973, p. 113.

要是保护少数民族和女性接受高等教育的权利。在高等教育领域的主要措施有：在招生上实行特别招生计划，增加少数民族学生的入学机会；加大对少数民族学生的财政资助，提高少数民族学生完成学业的经济能力；加强补习教育，提高少数民族学生的学习能力；聘用少数民族教师，开设少数民族研究课程，改善少数民族学生的学习环境。

三　新公共管理理论与高等教育市场化：效率与质量

20 世纪七八十年代，西方各国掀起了一场轰轰烈烈的“新公共管理运动”，这场运动要求政府管理走向自由化、市场化，它甚至被认为是政府管理领域研究的变革。新公共管理理论认为，公共组织必须明白自己的职责和责任，公共管理人员成为公共组织的管理者可以达到权力中心下移的目的；强调产出或结果，具有专业的绩效评估标准；强调顾客至上或顾客导向，它通过把公民变成消费者（顾客），以市场取代政府，提供回应性服务，满足公民（顾客）的不同需求；主张用市场的力量来改造政府，在公共部门中引入市场机制，在公共部门与私人部门之间、公共部门机构之间展开竞争，以缩小政府规模，提高公共物品及服务供给的效率；采用私人部门管理方式。新公共管理运动中所采用的项目预算、业绩评估、战略管理、顾客至上、结果控制等原则或措施均主要来自于私人部门的管理实践。新公共管理运动的核心思想强调公共管理机构权力下放，引入企业的管理方式，用市场的标准衡量公共机构的绩效，以此来提高公共机构的效率和服务质量。

20 世纪 80 年代以后，美国国民生产总值年增长率开始走下坡路，从 1984 年的 6.4% 降至 1986 年的 2.5%，固定资本投资增长率也是在不断地下降。1986 年美国的财政赤字高达 2207 亿美元。在国际贸易中，美国也是处于不利地位，美国的出口额在世界出口贸易总额中所占的比例已从 1950 年的 17.8% 降至 1980 年的 11.8%。1986 年美国外贸赤字高达 1562 亿美元。[①] 在面对强大的经济压力以及新

① 王英杰：《美国高等教育的发展与改革》，人民教育出版社 1993 年版，第 84—85 页。

公共管理运动影响的背景下，美国开始了对政府机构的改革。比如，里根政府为了提高政府管理效率，采取了一系列的措施：大规模削减政府机构，收缩公共服务范围，将企业的管理方法引入公共管理部门。还有克林顿的“政府再造计划”，也是把新公共管理理论的核心主张引入政府的管理实践中。

毫无疑问，这场政府管理的改革运动也对高等教育产生了巨大的影响，特别是对高等教育运行模式的影响，简单来说就是从计划转向市场，不断强调高等教育的市场化。高等教育市场化就是要把市场引入高等教育领域，使高等教育的资源分配、管理和运行按照市场机制来运作。经合组织曾对高等教育市场化下过定义：“把市场机制引入高等教育，使高等教育运营至少具有如下显著的市场特征：竞争、选择、价格、分散决策、金钱刺激等。它排除绝对的传统公有化和绝对的私有化。”① 市场化之后的高等教育更加强调竞争、效率还有质量，高等教育开始具备了商品的属性。在高等教育市场化发展理念的作用下，美国的高等教育政策在近 20 年来侧重于突出质量、效率等价值。

1981 年 8 月，为了调查教育质量，美国教育部特别成立了国家教育卓越委员会，并在 1983 年发表了题为《国家处于危机之中——教育改革势在必行》的著名报告，这个报告也被认为是美国教育以关注质量为主题的“卓越时代”的到来。1984 年，教育部又成立了“美国高质量高等教育研究小组”，该小组认为高等教育质量是当前高等教育最为紧迫的问题。毫不夸张地说，美国高等教育正在经历一场变革，高等教育政策从关注“公平”价值转向了更加突出“质量”价值。美国国家教育卓越委员会随后又陆续推出了《进入大学前的学术准备》《为高质量而行动》等系列报告，也是在围绕如何提升大学教育的质量做出努力。1993 年 3 月，美国国会通过了质量承诺法案，鼓励在大学中运用企业管理的方式和理念，并且每年为在改善质量方面取得成效的大学颁奖。

---

① 李盛兵：《高等教育市场化：欧洲的观点》，《高等教育研究》2000 年第 4 期。

进入21世纪以后，美国教育部长 Margaret Spellings 在2005年成立高等教育未来委员会，发布了由入学机会、可支付性、质量与创新、问责四个主题组成的高等教育改革的报告。同时，报告提出了关于高等教育改革的一些建议：加大对学生的资助力度来增加高等学校的入学机会，不过对学生的资助视需要提高，不可过高或过低，精简资助的程序；降低高等学校的成本，提高高等院校运作效率；保障高等教育质量的持续提高；增加成年人接受终身教育的机会；建设高等教育的问责文化。当然，这些政策措施在突出质量、效率价值的同时，也没有忽视公平的价值，所以高等教育政策对发展价值的选择不是唯一的，而是逐步在走向整合，这种整合也在奥巴马政府的高等教育政策中有所体现。奥巴马政府的改革口号是"让更多的人上得起大学"，主要内容有将拨款与高校的绩效挂钩，以此促进高等教育质量的提高。奥巴马政府要求教育部在2015学年前制定出新的高校排名体系，帮助学生比较高校所提供教育的价值，激励高校不断改进，希望通过修订《高等教育法》来解决一些问题，从2018年开始根据高校排名来分配财政资助。① 奥巴马政府在政策内容上积极采取各种新手段、新形式，但究其实质而言，仍然是在追求高等教育的质量，以最小的成本换取最大的收益。

第二节　发展理论对英国高等教育政策的影响

英国是一个老牌的资本主义国家，曾经一度成为世界头号经济强国，高等教育也有着悠久的历史，既有闻名于世的牛津、剑桥等研究型大学，又有新成立的地方性大学。本节并不打算深究英国高等教育璀璨的历史，而是重点考察战后发展理论对于英国高等教育政策所产生的影响，如表5-2所示。

① 阚阅、王蓉：《奥巴马政府高等教育改革方案解析》，《中国高教研究》2014年第8期。

表 5－2 发展理论对英国高等教育政策的影响

发展理论	发展价值	高等教育政策	政策目标	政策效果
凯恩斯主义	政治价值	1943 年《教育的重建》《1944 年教育法》等	建设福利国家制度。	形成英国型福利国家的基本结构。
教育民主化 人力资本理论	公平价值 经济价值	1960 年《罗宾斯报告》	保障弱势群体受教育权利；投资教育推动经济的发展。	英国高等教育制度更加趋于民主和公平。
撒切尔主义	效率与质量	1985 年《20 世纪 90 年代英国高等教育的发展》《1988 年教育改革法》等	使高等教育更具竞争性、选择性等特点。	建立高等教育市场竞争机制。
第三条道路	多重价值	1997 年《追求卓越的学校教育》、2003 年《高等教育的未来》等	融合前面	融合前面

一 凯恩斯主义的国家干预：政治价值

19—20 世纪是英国经历了称霸世界、与群雄割据的一百年，第二次世界大战是改变日不落帝国命运的原因之一，英国人难以寻回昔日的辉煌，社会经济、政治、文化等各类矛盾也逐渐显露出来，经济政治自由主义在面对这些矛盾时显得捉襟见肘，此时英国政府选择了与自由主义意见相左的凯恩斯主义。众所周知，亚当·斯密是自由主义的倡导者，他在《国民财富的性质和原因的研究》中主张在竞争条件下，利润和效用是通过市场这只“看不见的手”来实现最大化的，政府只是“守夜人”的角色。但是 20 世纪 30 年代的世界经济危机严重冲击了这一经济学理念，自由主义被认为是导致这一切的根源。1936 年，凯恩斯发表的《就业利息与货币通论》否定了自由放任的思想。凯恩斯认为贫困的主要根源在于低工资和失业，而失业的主要根源在于有效需求不足，自由的经济发展不可能提供这些补偿，因而政府就应该承担这个责任。凯恩斯主张要求以国家的财政政策和货币政策干预经济：在经济萧条时期，由于私人投资减少，政府就应当增加投资，使供需达到平衡。通货膨胀时期，政府需要提高利率和减少货币的供应量。

英国在凯恩斯理论的指导下，通过国家财政手段和货币手段的积极干预经济，稳定了物价，降低了失业率，人民的生活质量开始回升，市场竞争在国家的监督下更加有序。在凯恩斯主义的影响下，英国开始建设福利国家制度，福利国家制度实际上是凯恩斯主义在分配领域的延伸，是对国民收入再分配的一种形式。英国在 1946 年实施了《国民保险法》和《国民医疗保健法》，这两个法案被视为福利国家制度的法律基础，教育方面法案和政策也是英国建设福利国家制度的重要手段。

1943 年 7 月，在英国中央教育局局长巴特勒主持下发表了《教育的重建》的白皮书："政府提出本白皮书所叙述的种种改革的目的，在于使儿童得到一个更幸福的童年和生活上更好的开端；保证青年人得到更充分的教育和机会，并为全体公民提供种种手段发展他们所赋予的各种才能，从而丰富他们国家的遗产。所以，新的教育机会决不能只是一种形式。教育机会的多样性正好与教育机会的平等同样重要。但是这种多样性决不能损害教育制度内部的社会统一性，这种统一性将为我们开辟通向更加紧密团结的社会的道路，给予我们对付今后任务的力量。"① 这份白皮书是在国家干预教育的理念下形成，也是英国为建设福利国家在教育领域中迈出的第一步。

1943 年 12 月，巴特勒又向议会提交了一项教育法案，该法案在 1944 年 8 月获得了议会的通过，即著名的《1944 年教育法》。《1944 年教育法》最重要内容就是新设立一个教育部，负责制定全国的教

① ［美］艾萨克·康德尔：《教育的新时代——比较研究》，王承绪等译，人民教育出版社 2001 年版，第 70 页。

育发展政策，以取代原有仅仅起监督作用的中央教育局。由《1994年教育法》可知，凯恩斯主义也渗透到教育领域，英国加强了对教育的集中领导和干预。美国教育家卡扎米亚斯认为，“英国《1944年教育法》和1948年颁布的若干其他社会服务实施方案，诸如医疗保健、社会保险、儿童福利和家庭补助等，形成了一种通常称为英国型福利国家的基本结构”①。

1945年，英国政府又相继颁布了《国家健康福利法》等一系列法规，在经济、教育等领域继续实施“凯恩斯主义”，增强对教育的管理力度，最终使国家直接管理教育常态化。国家的全面干预弥补了市场配置的不足，国家资源得到有效的整合，资源利用率提高，为经济恢复和发展创造了良好的态势，教育在一定程度上获得了发展的机遇，随之而来的是居民福利水平的提高。由此可见，这一时期英国的高等教育政策主要服务于建设福利国家制度，强调其政治价值的实现。

二 人力资本理论影响下的《罗宾斯报告》：经济价值

1960年底，英国首相麦克米伦（Maurice Harold Macmillan）宣布成立以罗宾斯（Lionel Robbins）爵士为主席的高等教育调查委员会，目的在于反思英国高等教育的得失，制定高等教育发展的原则，提出新的高等教育发展模式，为高等教育的发展提供相应的建议。为此，罗宾斯委员会进行了大量的调查研究，提交了详细的调研报告。委员会特别实地考察了美国、苏联、法国、德国、荷兰等国的高等教育，这在英国高等教育史上是一次前所未有的行动。其中，对美国高等教育的考察最为持久，共耗时21天，可见英国人尤为重视美国高等教育。事实上，美国高等教育发展的理论与实践也确实对《罗宾斯报告》产生了非常大的作用，主要表现在教育民主化理论和人力资本理论的影响。

① 易红郡：《战后英国高等教育政策研究》，湖南师范大学出版社2012年版，第26—27页。

在政策内容上，《罗宾斯报告》可以说是直接接纳了美国高等教育机会均等的理念，比如《罗宾斯报告》提出最为著名的“罗宾斯原则”主张“高等教育应为所有在能力和成绩方面合格的、愿意接受高等教育的人提供高等教育课程”，呼吁“所有具备入学能力和资格并希望接受高等教育的青年都应该获得接受高等教育的机会”。当然，“罗宾斯原则”体现的仍然是一种英才主义的高等教育机会均等。

人力资本理论是20世纪最有影响力的发展经济学理论之一，它的代表人物是美国经济学家舒尔茨。舒尔茨认为，在各种人力资本投资中最重要的是教育投资。教育投资具有两重性，即生产性和消费性教育投资。教育投资的生产性在于它能够开发人的潜力，增长人的才干（包括文化知识、技能以及良好的素质），从而提高劳动者质量，促进劳动生产和经济增长，同时也能增加个人未来的收入。应当说，人力资本理论认为教育是一种投资的观点彻底颠覆了原有的教育观念，即教育仅仅是消费。这同样在《罗宾斯报告》的内容中得以体现，《罗宾斯报告》指出：“假如一连串的核爆炸只摧毁了世界上的物质财富而保留下了受过教育的公民的话，无需多久就可以恢复到原来的水平；但是，如果被消灭的是受过教育的公民的话，那么即使建筑物和机器原封不动地保留下来，要恢复到原来的水平则可能要花比欧洲中世纪更长的时间。……首先必须把教育开支看做是一种投资。将资源用于青年人的培训可看作是与直接物质生产部门的投资一样的投资方式。”国家经济的发展依赖于教育的发展，尤其是高等教育的发展，所以人力资本理论为英国政府增加高等教育投入、扩大高等教育规模提供了强力的理论依据。

其受人力资本理论影响的主要建议如下：（1）扩大高等教育人数。英国全日制高等教育人数应从1962—1963年度的216000人增至1973—1974年度的390000人，再增至1980—1981年度的560000人。这样英国接受高等教育的人数从占相关年龄组的8%上升到17%。（2）增加高等教育投入。高等教育人数的增加要求高等教育投入的绝对数以及它在国民生产总值中所占的比例都应增加，这对提高总生产率，推动国民经济发展，保持国际竞争力都是有利的。报告建议政府对全日制高等教育的投入应由1962—1963年度的20600万英镑增加到1980—1981年度的74200万英镑；高等教育占国民生产总值的比例也应从0.8%增加到1.6%。[①]《罗宾斯报告》对于英国高等教育的意义重大，从政策效果来看，它使得英国高等教育制度趋于更加民主和公平，不同背景的人群皆有接受高等教育的机会，高等教育开始由贵族教育转向平民教育。

其实，教育民主化思潮与人力资本理论对《罗宾斯报告》的影响从某种意义上来说是交相呼应的。比如，教育民主化强调高等教育机会的均等，这要求政府扩大高等教育规模，为适龄青年创造更多的高等教育入学机会。人力资本理论突出了教育对于丰富人力资源的重要性，以此说明了国家投资教育能够推动经济的发展和国家的进步，也对扩大高等教育规模，提供更多的教育机会提出了要求。所以教育民主化与人力资本理论对《罗宾斯报告》的影响是一致的，从价值取向上来说，选择高等教育发展的"经济"价值并没有影响高等教育发展的"公平"价值。

三 撒切尔主义的市场调节：效率与质量

在战后的几十年里，凯恩斯主义成为了英国政府政策决策的重要指导思想，在政府的全面干预下，给英国的经济恢复和社会发展带来了曙光。然而，20世纪70年代以后，由于石油危机引起的经济危机在英国蔓延，英国经济增长速度和人均国内生产总值都已降至西方国家最低水平，1971—1979年政府财政赤字达到支出总额10.3%，通货膨胀率最高时达到25%，1979年失业人数达139万人。[②]经济衰退使得福利国家的政策面临前所未有的挑战，用不堪重负来形容也不为过，这时作为福利国家的指导理论的凯恩斯主义开始动摇和瓦解，自

① 易红郡：《战后英国高等教育政策研究》，湖南师范大学出版社2012年版，第54页。

② 孙洁：《英国的政党政治与福利制度》，商务印书馆2008年版，第112—113页。

由主义重新抬头。1979 年保守党粉墨登场，撒切尔夫人出任首相标志着新右派的崛起。她为了阻止英国的经济社会发展的下滑，彻底改变了英国以往的发展模式和策略，这些政策措施总称为撒切尔主义。

新自由主义和新保守主义是新右派的重要组成部分，新自由主义继承和发展了 19 世纪自由主义的有关思想，它的主张有：第一，反对国家对社会全面过多的干预，推崇市场经济的自由竞争法则。坚信市场是调节经济的最完美的手段，在市场机制之下全社会利益才能顺利实现。第二，抨击凯恩斯主义的福利国家制度，认为该制度会降低整个社会的效率，阻碍社会的进步和发展。比起福利国家的分配制度，社会资源由市场调配才能保障效率和公平。第三，个人的主动精神是社会、经济发展的动力，坚持个人自由选择的权利。

新保守主义则强调：第一，稳定是一切的先决条件。稳定的效率社会是由稳定的社会秩序创造的，这个效率社会是建立在先进技术、管理基础上的。第二，主张国家的权威性，特别是在维护个人和社会利益上，国家应当承担阻止传统道德和社会价值观恶化的责任，在这个方面适当的国家干预是必要的。但也对平均主义的国家福利制度不以为然，因为它导致了个人的主动性、创造性的衰弱。新保守主义认为，人与人之间存在天赋、能力、意志等方面的差别，所以平均主义的国家福利制度显然是站不住脚的。第三，主张坚持继承西方传统的价值观，强化传统的道德和社会价值观念体系。不难发现，两者在核心的思想上具有较强的一致性，都反对国家对社会各部门过分、过多的干预，反对凯恩斯主义的福利国家制度，不过从影响领域来看，新自由主义侧重于经济发展领域，新保守主义侧重于政治发展领域，但是作为新右派的指导思想，两者都对教育发展领域的政策产生了影响。

在新自由主义和新保守主义的联合作用下，撒切尔上台开始了激烈的改革：(1)全面实行私有化。撒切尔政府把将近 40% 国有企业转移到私人手中。(2)控制货币总量。撒切尔政府通过每年降低货币发行量降低通胀率，使物价趋于平稳。(3)大幅减少福利开支。撒切尔政府大幅削减养老、教育、医疗、失业等各种福利补贴。(4)限制工会。撒切尔政府制定了《就业法》和《工会法》，对工会的权利和责任做出严格限制，特别是对罢工及与罢工有关的活动做出严格规定。(5)推行教育改革。[①]

《1988年教育改革法》是撒切尔夫人教育改革的指南。撒切尔政府的改革措施中对高等教育影响最大的当属大幅度削减高等教育经费以及将市场竞争机制引入高等教育中来。正如考根（Geoffrey Walford）指出的："新当选的撒切尔政府在刚刚入主几周就开始大刀阔斧地削减高等教育。财政大臣杰弗里·豪在1979年6月的第一个预算就是削减捐助资金的税收，那笔钱是地方政府用来资助公共高等教育的。他同样削减大学的周期性拨款、学生的助学金以及医学学校的资金，并削减科学研究的经费。"[②] 1979年，政府公布的"公共开支白皮书"开始削减1980—1981年教育的经费。1981年，政府公布了"1981—1982年"和"1983—1984年"的公共开支白皮书，进一步削减了高等教育公共经费。白皮书要求在1980—1981年到1983—1984年期间高等教育的总削减达到7%，从8.7982亿元降至8.0807亿元[③]。

1985年的绿皮书《20世纪90年代英国高等教育的发展》是一份关于高等教育市场化的重要文件，它也是撒切尔夫人执政以来的第一份关于高等教育的重要文件。其主要内容包括：高等教育要培养一批有才干的优秀毕业生，更加有效地为经济发展服务，高等院校要满足工商业和服务业的需要，与工商业建立紧密联系，与地方企业和社区建立紧密的联系。修正罗宾斯原则，主张把"所有具备入学能力和资格并希望接受高等教育的青年都应该获得接受高等教育的机会"修正为"所有有能力并且希望从高等教育中受益的人都应该有接受高等教育的机会"，即从"谁有资格谁升学"变为"谁有能力且受

---

① 易红郡：《战后英国高等教育政策研究》，湖南师范大学出版社2012年版，第128—129页。

② Geoffrey Walford, *Restructuring Universities: Politics and Power in the Management of the Change*, New York: Croom Helm, 1987, p. 38.

③ Ibid., p. 44.

益谁升学”，发展终身教育和继续教育，重视科学研究与企业的联系等。高等教育培养优秀的毕业生，为经济发展服务以及要满足工商业和服务业的需要等，这些政策建议都是在强调高等教育发展的经济价值。此外，从对高等教育机会的修正过程中依然可以判断撒切尔政府并没有忽视高等教育发展的公平价值，只不过对高等教育公平的理解上有所转变，即在高等教育入学机会公平上，从“保障有能力和资格的人接受高等教育”转变为“保证有能力且希望从高等教育中受益的人接受高等教育”。

所以可以认为，撒切尔政府的高等教育发展政策开始整合高等教育发展的多重价值，不再过分突出某一种价值。这种情况在保守党政府发表的《高等教育——应付新的挑战》的白皮书中再次得到体现，而且尤为强调和重视高等教育发展的质量和效率价值。它的主要内容包括了总论、高等教育就学机会、质量与效率、高等教育的结构改革和全国性规划。白皮书认为，高等教育必须要满足国家的经济需求，为了达到这个目的，高等教育要同工商业建立紧密的联系；坚持修正后的罗宾斯原则，即“凡有足够的智力、动机与已经成长得能益于高等教育并自愿升学者，应都能升学”。白皮书强调高等教育的质量是由高等院校制定的质量标准来维护的，作为既定的标准和规范，外界无权对质量做出要求。政府的职责在于建立适当的体制，保证和监督高校担负提高教育标准的责任。至于高等教育的效率，不仅包括每所高等院校的效率，最重要的是整个高等教育系统的效率。提高效率的主要目的是为了在有限的资源条件下取得更大的成果。

《1988年教育改革法》是撒切尔政府在教育领域的最重要的政策，与高等教育相关的内容有：改革高等教育管理体制，多科学技术学院等其他学院将脱离地方当局的管理，地方当局可成立高等教育法人团体，高等教育法人团体有权提供高等教育和继续教育。取消高等教育拨款委员会，设立大学基金委员会和多科学技术学院和其他学院基金委员会，这两个基金委员会直接对教育和科学部负责。《1988年教育改革法》对高等教育的影响包括：第一，在高等教育领域中推行市场竞争机制，强化了高等教育领域的竞争，客观上提高了高等教育的效率和质量。通过拨款等经济手段加强了中央对高等教育的控制，保障了旨在提高效率和质量的高等教育政策的顺利实施。第二，拓宽了高等教育办学形式，增加高等教育的入学机会。高等教育毛入学率之前一直保持在15%左右，到1990年提高到20%，1994年甚至达到30%。第三，通过对课程设置、教学内容的改革，使得高等教育与生产实际联系更加紧密。

四 布莱尔的"第三条道路"：多重价值

1997年布莱尔出任首相，对经济发展模式、福利制度、教育体制等公共领域进行了大刀阔斧的改革。他领导的这场改革旨在寻找一条中庸的治国之策，试图在新右派和左派之间寻求一种平衡，被称之为"第三条道路"。布莱尔相信"第三条道路"能够使英国走向社会民主主义繁荣之路，认为它不是简单的妥协，而是吸收了传统左派的国家干预和右派新自由主义的精华。"第三条道路"的本质就是在追求一种平衡，无论是在发展价值观上、国家的作用上，还是在国家与社会的关系上、政府与市场的关系上都是在强调不左不右、不偏不倚，调和了新右派和左派的主张。"第三条道路"汲取了新右派和左派的发展价值观，核心内容有：个人价值平等，机会均等，责任，兼顾效率与公平。个人价值平等是布莱尔对"自由、公平、平等"三个概念的整合，主要表现为主张建立平等、公正的社会；机会均等，即每一个人都应该拥有最低限度的机会，或生活中一些基本的公平的机会；责任就是强调权利与义务的统一。①

教育是布莱尔政府实践其"第三条道路"的重要领域，布莱尔反复强调了教育的优先性，因此布莱尔政府制定了大量有关教育发展的政策措施，这些政策的内容集中表现为增加教育投入、扩大教育规模、改革教育体制、提高教育质量。由于撒切尔政府大幅度削减公共财政经费，所以教育经费不足是困扰英国高等教育的一个长期难题，

① 陈慧：《布莱尔的——社会价值观与政治哲学思想研究》，硕士学位论文，华中师范大学2011年版，第16页。

高等教育投入的不足严重制约了高等教育的发展。布莱尔上台之后意识到了公共财政投入不足造成了诸多问题，开始增加对公共服务的投入。到2003—2004年底政府公共开支每年将增加2.5%，与经济增长速度同步。在追加的公共开支中，增加最多的是国民保健服务和教育投资。1997—2004年政府的医疗资金从占全国GDP的5.4%增加到6.7%，教育资金从占全国GDP的4.5%增加到5.3%；2004—2008年医疗和教育资金将分别增加到230亿和76亿英镑。[①]

具体在高等教育方面，高等教育经费也大幅度得到提高，比如1998年英国牛津大学获得政府资助1.92亿美元，为英国高校科研经费历史之最。1997年的《追求卓越的学校教育》是英国工党政府第一份教育白皮书。白皮书指出，教育的目标是要为所有人提供均等的教育机会，这是“第三条道路”对公平价值的追求在教育领域的体现。白皮书规定，工党政府要致力于提高学生的学习成就标准；为实现教育机会均等，政府要负责尽力消除处于不利地位学生的学习成就偏低状况；政府应注重每一个人的潜能，注重知识经济时代的人力投资。[②] 通过白皮书的有关规定可知，致力于提高学生的学习成就标准表明对教育质量价值的追求，消除不利地位学生的学习成就偏低实际上是在保障教育发展公平，注重知识经济时代的人力投资是在注重教育发展的经济价值，由此可知高等教育发展的公平、经济、质量等价值再次被英国政府所强调和重视，布莱尔政府时期的教育政策凝聚了教育发展的多重价值，反映了布莱尔政府试图在各种教育发展价值之间寻找平衡。

21世纪以后，为了实现英国高等教育在入学、经费、质量等方面的目标，2003年1月，布莱尔工党政府又发表了《高等教育的未来》白皮书。白皮书认为高等教育对国家和个人的意义都非常重大，特别是对社会经济的发展的作用显著。高等教育不仅推动着人类知识

---

① 曹现强：《当代英国公共服务改革研究》，山东人民出版社2009年版，第94页。

② 易红郡：《战后英国高等教育政策研究》，湖南师范大学出版社2012年版，第193页。

的丰富和发展，而且为社会经济的发展提供丰富的人力资源和技术创新支撑。这实际上是对高等教育发展价值多元化的肯定，并且注意到了高等教育发展的社会价值和个体价值之分，尤其强调高等教育发展的政治价值和经济价值。白皮书的主要内容如下：（1）重视学术研究。白皮书强调学术研究是经济增长、生产力提高和生活质量改善的中心。重视学术研究主要表现为大幅度增加科研经费，政府将在2005—2006年度比2002—2003年度增加科研经费12.5亿英镑，实际提高约30%。（2）加强与工商业的联系。政府将设立为加强校企合作的“高等教育创新基金”，用于鼓励高校（特别是非研究型大学）与地方和企业合作，将现有知识转让给产业部门并向它们提供技术支持。（3）保证一流教学水平。有效的教学是提高高等教育质量的基本要素，白皮书建议把教学水平作为对大学拨款的依据之一。（4）创造公平入学机会。白皮书指出，教育不能只为特权服务，它是实现社会公正、公平的重要力量。政府要保证高等教育对所有能从中受益且有潜能的人开放，为不同社会背景的人，尤其是低收入家庭子女提供接受高等教育的机会。

从2003年的白皮书关于高等教育的主要内容中依然可以清晰地发现它融合了高等教育发展的多重价值，高等教育质量、高等教育机会均等、高等教育的经济价值仍然是政策的首选价值追求，这些政策措施都是在“第三条道路”的发展理念下的实践表现。值得注意的是高等教育质量的内涵被进一步丰富，包括了一流的学术研究水平，还有一流的教学。高等教育公平的保障主要通过两个方面践行，一方面是扩大高等教育规模，增加高等教育的入学机会；另一方面是加强对弱势群体实施补偿性的政策。比如逐步取消入学预付全部学费的规定，继续推行对低收入家庭学生资助的奖学金制度，降低残疾学生入学的条件等。

第三节　发展理论对两国高等教育政策影响的共同特征

前面两节考察了发展理论在不同时期对美、英两国高等教育政策的影响，不难发现两个国家在同一时期的高等教育政策几乎是选择了相同的高等教育发展价值，都呈现从选择单一价值到整合多重价值的发展趋势。通过对两个国家相同之处的探讨，往往能够进一步得出或验证某种结论及规律。

一　高等教育政策对高等教育发展价值的选择处在不断丰富之中

美、英两国的高等教育政策对高等教育发展价值的选择是一个不断丰富的过程。比如在“二战”结束不久后，美国的《退伍士兵权利法案》和《国防教育法》都是强调高等教育发展的政治价值，当然这是在国家危机论影响下的结果，即政府把教育发展尤其是高等教育发展视为解决国家危机、保持国家稳定的有效工具。到了20世纪60年代以后，在公平发展理论的作用下，美国《高等教育法》开始选择关注高等教育发展的公平价值。进入20世纪七八十年代后，受新公共管理理论的影响，美国的高等教育政策转向了质量和效率等价值，同时也没有忽视公平价值，还融入了高等教育发展的经济价值，这都可以在一系列的政策中得到体现。综上可知，美国高等教育政策对高等教育发展价值的选择处在不断丰富的过程中。

同样，英国高等教育政策对高等教育发展价值的选择也是一个不断丰富的过程。比如20世纪三四十年代，英国全盘接受了凯恩斯主义的思想，积极建设福利国家制度，而这一时期的英国教育政策都是为了建设福利国家制度服务的，选择突出了高等教育发展的政治价值。进入20世纪60年代，由于受到人力资本理论以及教育民主化理论的影响，英国高等教育政策开始关注高等教育发展的公平价值，同时兼顾了高等教育发展的经济价值。撒切尔作为首相上台以后，新自由主义和新保守主义成为了撒切尔政府制定公共政策的主要依据。在这样的情形下，英国的高等教育政策重点强调高等教育发展的质量、效率等价值，当然也没有忽视高等教育发展的公平价值。比如《20世纪90年代英国高等教育发展》的绿皮书在对高等教育机会的修正过程中依然可以发现撒切尔政府重视高等教育发展的公平价值。到了20世纪末期，布莱尔政府在“第三条道路”的指引下，制定了大量的教育政策。比如《追求卓越的学校教育》的白皮书就凝聚了高等教育发展的多种价值，公平、经济、质量等无一不在，也反映了布莱尔政府在教育领域里践行“第三条道路”，即在多种高等教育发展价值上寻求平衡。

在此需要再次强调的是，我们认为的高等教育政策选择了某种高等教育发展价值是指在这一时期的高等教育政策偏重于该种价值，而不是说只选择该种价值。随着社会的发展以及高等教育的不断进步，高等教育政策对高等教育发展价值的选择也不再偏重于一种价值，而是整合了多重价值。实际上，高等教育发展价值是逐渐被人们所认识的，这又是通过不同的发展理论予以确认的。也就是说，不同的发展理论对高等教育发展的本质和功能认识是不同的，导致了对高等教育发展价值的判断也是不同的。比如，国家危机论注重高等教育发展是解决国家的危机、保持国家优势的工具，仅仅注意到了高等教育发展的政治价值。人力资本理论只是强调教育发展的经济功能，特别是高等教育发展为经济发展提供丰富的人力资源，所以积极推崇高等教育发展的经济价值。诸如其他的发展理论的情况也类似，当越来越多的发展理论走上发展的舞台，人们对高等教育发展价值的认识就愈加丰富，高等教育政策对高等教育发展价值的选择也呈现多元化。

二　高等教育政策对高等教育发展价值的选择具有延续性和趋同性

在比较美、英两国高等教育政策对高等教育发展价值的选择之后，不仅可以发现两国高等教育政策在选择高等教育发展价值上具有一定的延续性，而且在相近的时期选择了相同高等教育发展价值，并且呈现一种共同的趋势，即从选择单一价值到整合多重价值的发展趋势。

（一）高等教育政策对高等教育发展价值的选择具有延续性

从美、英两国高等教育政策选择的高等教育发展价值来看，在不同的时期，两国都在一定程度上选择了高等教育发展的政治价值，只是在有的时期特别偏重，所以高等教育政策对高等教育发展价值的选择具有一定的延续性。比如，美国的高等教育政策一直都强调高等教育发展的政治价值，即高等教育发展为国家的发展服务。在“二战”之后，美国的高等教育政策偏重于选择高等教育发展的政治价值，此后，在20世纪80年代和21世纪初，美国的高等教育政策始终坚持高等教育发展要为国家的发展服务。例如《国家处在危机中——教育改革势在必行》《2002—2007年教育战略规划》都再次强调了高等教育发展的政治价值，高等教育对解决国家的危机和对国家的安全作用再次被重视。同样，英国的情况也是大致如此。20世纪40年代的英国高等教育政策主要服务于建设福利国家制度，而在此后不同的时期里也从来没有放弃高等教育发展服务于国家利益的需要。当然，除了政治价值之外，其他的高等教育发展价值在高等教育政策中同样具有一定的延续性，比如经济、公平等价值在两国的高等教育政策中一直都有所体现。这种延续性是由于一些发展理论对高等教育政策影响具有持续性，比如国家危机论、人力资本理论、教育公平理论，等等。

（二）高等教育政策对高等教育发展价值的选择走向趋同

通过考察不同时期美、英高等教育政策对高等教育发展价值的选择，可以发现高等教育政策对高等教育发展价值的选择具有趋同的特点，表现为两个方面：一是两个国家在同一时期的高等教育政策几乎是选择了相同的高等教育发展价值；二是两个国家高等教育政策对高等教育发展价值的选择都呈现从选择单一价值到整合多重价值的发展趋势，而且都离不开经济、政治、质量、公平、效率等价值。那么是什么原因导致了选择的趋同？下面就趋同的原因作详细的分析。

首先，针对第一种情况，在“二战”前后的这段时间里，美、英两国的高等教育政策都选择了高等教育发展的政治价值，虽然两者所受影响的发展理论是不同的，美国是受到国家危机论的影响，英国主要是在凯恩斯主义的指导下制定国家各项政策，但它们的高等教育政策却选择了相同的价值，主要是因为两个国家发展所处的背景相似，即国家的发展都面临重大的问题和挑战。对美国来说，“二战”胜利以后，将会有无数的退伍士兵需要安置，一旦处理不好将会引发国家动荡、社会不稳定，直接威胁到国家的安全。毫无疑问，此时国家的安全和长治久安被置于首要位置，一切都要为解决国家的危机服务，当然教育也不例外。在英国，两次世界大战的重创使得它难以恢复昔日的辉煌，再加上世界经济危机的冲击，英国国内生产水平降至历史最低点，物质急缺、失业率高居不下。面对严峻的国内形势，英国抛弃了自由主义对市场的放任，接受了凯恩斯主义的国家干预，通过国家财政、货币等手段积极干预经济的发展，此后物价得到了稳定、失业率被降低，人民的生活水平开始提高。英国在凯恩斯主义的作用下尝到了甜头，于是继续在分配领域推行凯恩斯主义，开始建设福利国家制度，教育被视为建设福利国家的重要方面，同时服务于建设福利国家制度。

20 世纪 60 年代以后，美、英两国的高等教育政策都选择了高等教育发展的公平价值，美国以《高等教育法》为代表，英国以《罗宾斯报告》为代表。这是因为它们受到了共同发展理论的作用，主要是教育民主化理论的影响。教育民主化首先在美国产生，因此相比于英国，对美国高等教育政策的影响是在先的。英国制定《罗宾斯报告》的过程与其说是受到理论的影响，不如说是主动寻求理论指导的过程。因为《罗宾斯报告》的制定班底罗宾斯委员会特别实地考察了世界各国的高等教育，其中对美国高等教育的考察最为持久，共耗时 21 天。在这个主动向美国学习的过程中，罗宾斯委员会全面接纳了以教育机会均等为核心的教育民主化理论，最终在《罗宾斯报告》中得以体现。进入 20 世纪 80 年代后，两国的高等教育政策都重视和强调高等教育发展的质量和效率，其原因依然是由于两国的高等教育政策受到了相同发展理论的影响。比如，20 世纪 80 年代，推崇新自由主义的新右派政府重新在美、英上台，在美国是里根政府，英国则是撒切尔政府，他们都主张高等教育市场化，强调质量、效率、责任等。反映在高等教育政策上，共同之处表现为：强化高校的管理能力，加强了大学与企业的联系，扩大高校自主权，将企业的管理理念带到学校，使之与学校文化融合。[①]

其次，第二种趋同的原因是20世纪90年代后，发展全球化成为不可逆转的世界潮流，全球化使得世界各国面临的发展问题越来越相似，高等教育发展也在相互影响，世界各国在制定高等教育发展政策所考虑到的价值呈现惊人的一致。正如亨利（M. Henry）所指出的："政策的趋同可能并不单单是为了解决相同的问题而进行政策借鉴的结果，更有可能是因为在由国家组成的全球网络中，教育政策的制定被超越国家疆界的全球势力所影响。"[②] 发展研究的重要性在这样的背景下被凸显，各种发展理论开始走上发展的舞台，呈现分庭对抗之势，没有哪一种发展理论占据主导话语，各种发展理论都积极对高等教育政策施加不同的影响，体现在高等教育政策上就是整合不同的发展价值。另外从发展实践来看，高等教育发展的多元化（办学主体多元、投入主体多元、入学主体多元等）使得高等教育政策制定者决不可能只考虑单一的发展价值，"因为保障或保护一种价值必然会涉及放弃或危害另一种价值"[③]。所以高等教育政策是要平衡高等教育发展的各种价值，在某种程度上实现整合。

---

① Clark, B. R., "Common Problems and Adaptive Responses in the Universities of the World: Organizing for Change", *Higher Education Policy*. Vol. 10, 1997, pp. 291 –295.

② Henry. M, *The OECD, Globalization and Education Policy*, New York: Pergamon, 2001, p. 57.

③ 马克·里拉等：《以赛亚·柏林的遗产》，刘擎译，新星出版社2006年版，第70页。

第六章　高等教育发展研究在中国的应用

中华人民共和国以来，我国高等教育经历了数次大起大落式的发展，每一次的改革和发展都是在高等教育政策的直接作用下进行。无疑，并不是所有的高等教育发展政策都有一定的发展理论依据或在其指导下制定，比如在中华人民共和国初期一直到70年代都没有受到明确的发展理论的影响。直至改革开放以后，学术研究工作重新启动，大量的发展学说被重新引进，为我国发展政策的制定提供了理论土壤，高等教育政策也不例外。

第一节　中华人民共和国以来我国高等教育政策的发展价值取向

本节对不同时期的高等教育政策进行简单的梳理：1949—1979年；1979—1990年；1990年至今。如表6－1所示。

表6－1　　中华人民共和国以来我国高等教育政策的发展价值取向

时间（年）	发展理论	发展价值	高等教育政策	政策目标或效果
1949—1979	无	政治价值	1950年《高等学校暂行规程》等	改造政治思想，为国家建设需要服务。
1979—1990	教育内外部关系规律理论	政治价值 经济价值	1985年《关于教育体制改革的决定》、1990年《中共中央关于制定国民经济和社会发展十年规划和“八五”计划的建议》	培养适应我国经济和社会发展的社会主义各级各类人才。

续表

时间（年）	发展理论	发展价值	高等教育政策	政策目标或效果
1990 年至今	人力资本理论、教育发展公平论、高等教育大众化理论等	多元价值	1993 年《中国教育改革和发展纲要》、1999 年《面向 21 世纪教育振兴行动计划》、2004 年《2003—2007 教育振兴行动计划》等	建立了财政拨款政策和成本分担机制；建立了多元化的高校资助体系，保障弱势学生高等教育入学机会；提高高等教育质量。

一　1949—1979 年：突出政治价值

20 世纪 50 年代的中国难以兴起像西方国家一样的发展研究，这是由当时复杂的国情和社会背景所决定。即使没有凯恩斯主义，没有教育发展的国家危机学说，这一时期中国高等教育政策在发展价值上的选择却和美、英两国是一致的，即突出政治价值。实践选择上的一致性表明由于战后的世界各国都面临如何恢复和重建国家的形势，都在想方设法利用一切手段和工具使国家得以休养生息，此时教育也被认为是治疗战争创伤和恢复发展的工具之一，其政治价值被奉为至宝。

中华人民共和国成立之初，国家的首要任务是要对旧中国进行彻底的改造，从而确立国家的社会主义性质，教育自然也是要从半殖民地、半封建的性质转变为社会主义的性质，中华人民共和国成立之初高等教育的政策主要是围绕这个目的进行。1949 年 9 月，中国人民政治协商会议顺利召开并通过了《中国人民政治协商会议共同纲领》，它规定："中华人民共和国的文化教育为新民主主义的，即民族的、科学的、大众的文化教育。人民政府的文化教育工作，应以提高人民文化水平，培养国家建设人才，肃清封建的、买办的、法西斯主义的思想，发展为人民服务的思想为主要任务。"实际上，为国家建设培养人才以及思想改造都是基于满足国家政治需要，体现了对教育发展政治价值的重视。

在共同纲领的指导下，1950 年 6 月教育部召开了第一次全国高等教育会议，会议对高等教育的方针、任务以及管理体制等重大问题做出了规定，颁布了《高等学校暂行规程》《专科学校暂行规程》《私立高等学校管理暂行办法》《关于实施高等学校课程改革的决定》等一系列政策文件。这一系列政策法规的颁布和实施，明确了高等教育的性质和任务，规定了高等教育的修业年限、教学内容和教学方法，确立了高等教育的领导管理体制，建立了高等学校招生与分配制度，标志着社会主义高等教育制度初步形成。比如，对于高等学校的任务，《高等学校暂行规程》作了具体的规定，“（一）根据中国人民政治协商会议共同纲领，肃清封建的、买办的、法西斯主义的思想，树立正确的观点和方法，发扬为人民服务的思想；（二）适应国家建设的需要，进行教学工作，培养通晓基本理论并能实际运用的专门人才，如工程师、教师、医生、农业技师、财政经济干部、语文和艺术工作者；（三）运用正确的观点和方法，研究自然科学、社会科学、哲学、文学、艺术，以期有切合实际需要的发明、著作等成就；（四）普及科学和技术知识，传播文学和艺术的成果”。可见，此时高等教育的改革和发展是为政治思想的改造、国家建设的需要服务，当然，这些服务是通过高等学校的职能实现。

1956 年 6 月，高等教育部颁发《中华人民共和国高等学校章程草案》规定：“高等学校的基本任务是适应国家社会主义建设的需要，培养具有一定的马克思列宁主义水平、实际工作所必需的基本知识、掌握科学和技术的最新成就和理论联系实际的能力，并且身体健康、忠实于祖国、忠实于社会主义事业和随时保卫祖国的高级专门人才。”不难发现，我国高等教育的发展目标政治色彩浓厚，人才培养特别强调政治觉悟和国家忠诚度，政治价值取向明显。1958 年，中共中央、国务院在《关于教育工作的指示》中明确了“教育必须为无产阶级政治服务，教育必须同生产劳动相结合”的教育方针，甚至直接提出了“必须为无产阶级政治服务”。1958 年 5 月，中共“八大”二次会议提出当代的主要任务是要进行社会主义建设，要实行技术革命和文化革命，并出现了冒进的势头，继而演变成一场全国的“大跃进”运动，高等教育也位列其中，开始了多种形式的改革和实验。1958年，中共中央发布了《关于高等学校和中等技术学校下放问题的意见》，大部分高等学校相继下放地方管理。结果，1958年我国高等学校从1957年的229所剧增到791所，1959年增加到841所，1960年增加到1289所。[①] 高等教育的“大跃进”政策违背了教育内外部关系规律，超出了经济所能承受的范畴，给高等教育的发展造成了巨大的损失。庐山会议之后，教育又卷入了“反右倾”运动之中，高等教育甚至被认为是右派分子活跃的场所，整体来看，这一时期的高等教育发展是无序和混乱的。

1961年，中共中央八届九中全会确立了“调整、巩固、充实、提高”经济发展方针，国民经济在一定程度上得到恢复和调整。同时，高等教育事业也在八字方针的指导下获得新生机。之后中共中央又发布了《教育部直属高等学校暂行工作条例》（简称高校六十条），提出了高等学校的基本任务是贯彻执行教育为无产阶级的政治服务，教育与生产劳动相结合的方针，培养社会主义建设所需要的各种专门人才。《高校六十条》使我国高等教育进一步明确办学方向和具体途径，使高等学校有了健康发展的依据。它对纠正三年教育革命在高等学校造成的偏差与失误，稳定高等学校的教学秩序，改进教学工作，提高教学质量，调动知识分子的积极性，发展高等教育事业，起到了积极作用。[②]

1966年，正当我国经济文化建设逐步走上正轨之时，“文化大革命”爆发了，教育界和学术界受到重创，而高等教育受到了近乎毁灭的打击。中共中央八届十一中全会通过的《中共中央委员会关于无产阶级文化大革命的决定》指出：“改革旧的教育制度，改革旧的教学方针和方法，是这场‘无产阶级文化大革命’的一个极其重要的任务。在这场‘文化革命’中，必须彻底改变资产阶级知识分子

① 刘海峰：《高等教育史》，高等教育出版社2010年版，第196页。

② 何东昌：《中华人民共和国教育史》，海南出版社2007年版，第274页。

统治我们学校的现象。在各类学校中，必须执行毛泽东同志提出的教育为无产阶级政治服务、教育与生产劳动相结合的方针，使受教育者在德育、智育、体育几个方面都得到发展，成为有社会主义觉悟的劳动者。学制要缩短，课程设置要精简，教材要彻底改革，首先删繁就简。学生以学为主，兼学别样。也就是不但要学文，也要学工、学农、学军，也要随时参加批判资产阶级的文化革命的斗争。”一时间，高等学校里充斥着政治运动的标语，红卫兵开始了所谓的造反夺权，学术人士大量受到迫害和批斗，严重摧毁了高等学校的正常活动。在高校招生制度上，全国统一的高考制度整整停止了6年，取消了招生考试制度，代之以推荐和选拔相结合的方法。推荐和选拔仅以出身成分作为标准，学生的能力和素质完全被忽视，造成了高等教育质量的严重下滑，甚至降到了中学的水平。同时，教育领域的“斗批改”使广大高校干部和教师受到斗争和迫害，产生一大批冤案，干部和教师被下放，知识青年上山下乡，高校彻底失去了育人的功能，为此，新中国付出了沉重的代价。

1971年，全国教育工作会议在北京召开，会议实质上由“四人帮”所控制，因为“文化大革命”导致了全国教育行政机关的瘫痪，行政干部和广大教师都被打倒和下放。会议炮制了所谓的《全国教育工作会议纪要》，提出了“两个估计”。第一个“估计”是“毛主席的无产阶级教育路线基本上没有得到贯彻执行”，资产阶级一直在教育上专政。第二个“估计”是原有的教师队伍中的大多数“世界观都是资产阶级的”“要实现无产阶级教育革命，必须有工人阶级领导”。“四人帮”反革命集团声称要把大学办成“无产阶级专政的工具”，实质是大搞阶级斗争，大搞政治运动，借机对教育领域内所谓的“资产阶级知识分子”实行专政，以达到篡党夺权的目的，这严重危害了高等教育的发展。

事实证明，“文化大革命”（包括“教育革命”）给新中国带来了历史性的灾难，国民经济严重倒退，经济损失至少高达5000亿元左右，至于整个社会的代价是无法估量的。尤其是事关国家长治久安的教育事业，曾一度陷入停滞的状态，这个时期的教育毫无发展可言，完全沦为政治斗争的工具。“四人帮”颠倒是非黑白，给高等教育工作者带来了精神上的永久创伤；教育行政领导干部、学校教师受到严重摧残；大批高等学校遭到破坏，或被撤销，或被整改，或被合并；教育行政系统瘫痪，国民教育长期处于无序状态；教学质量低下，招生考试制度被推翻，影响了我国一代人的成长，特别是造成人才的青黄不接，严重制约我国经济社会的发展。

总的来看，我国的高等教育在中华人民共和国成立初期的确取得了一定的发展，这一时期的高等教育发展政策的政治价值取向明显，教育是服务于国家建设，服务于无产阶级政治的。但是自“文化大革命”爆发之后，教育完全沦为了阶级斗争、政治运动的工具，高等教育毫无发展可言。

二 1979—1990年：政治与经济价值并举

1978年12月18—22日，中共十一届三中全会在北京举行，重新确立了马克思主义的思想路线，开始纠正“文化大革命”中的各种错误。此次会议是中华人民共和国成立以来具有重要意义的转折点，自此之后，中国进入了拨乱反正、改革开放的新时代，无论是经济建设还是高等教育都迎来了发展的春天。1979年4月5日，中共中央工作会议决定对国民经济实行“调整、改革、整顿、提高”的八字方针，清算了过去一直存在的“左”倾错误。高等教育也贯彻执行了“调整、改革、整顿、提高”的方针，对高等教育进行了一系列改革。

在“文化大革命”中，统一招生考试制度被推翻，代之以推荐的招生制度，出身成分成为招生的首要标准，这种招生政策严重违反了高等教育的内部发展规律，造成了我国人才的断层等严重后果。粉碎“四人帮”以后，邓小平同志听取了教育界的意见，决心重新恢复高考制度。1977年10月12日，国务院正式批转了教育部《关于1977年高等学校招生工作的意见》，废止了“文化大革命”中实行的高等学校靠“群众推荐”、招收有两年以上实践经验和相当于初中毕业以上文化程度的工农兵入学的招生办法，扩大招生范围；提高对文化水平的要求；

坚持德智体全面衡量，择优录取的原则，重视文化考试；实行自愿报名，统一考试，地市初选，学校录取，省、直辖市、自治区批准的招生办法。[①] 恢复招生考试入学制度是大势所趋，既符合人心向背，又遵循了教育发展的内部规律。经过党的十一届三中全会，我国高等教育改革与发展也进入拨乱反正的时期，高等教育经过一系列的整顿和提高得到了快速的发展。比如职称制度改革、学位制度改革以及专业调整等政策陆续颁布，1978 年，开始恢复高等学校教师职务名称制度；1980 年，公布《中华人民共和国学位条例》，实行学士、硕士、博士学位制度。1981 年，中共中央在《关于建国以来党的若干历史问题的决议》中提出："用马克思主义世界观和共产主义道德教育人民和青年，坚持德智体全面发展、又红又专、知识分子与工人农民相结合、脑力劳动与体力劳动相结合"的教育方针。显然，当时培养"德智体全面发展""又红又专"的人才是为社会主义经济建设服务，并且从这个决议中可以发现政治与经济价值开始并举。

20 世纪 80 年代，潘懋元教授首次提出了教育内外部关系规律理论，当然，作为一种理论学说确实是由潘懋元首次提出，但是作为客观规律来说，其实教育内外部关系规律一直就存在，我们的教育政策的制定如果违背了教育内外部关系规律，便会对高等教育的发展产生危害，前面提到的"文革"时期废除招生考试制度的政策即是如此。教育内外部关系规律理论的核心即"教育要受到社会的经济、政治、文化等制约，并对社会的经济、政治、文化等的发展起作用""人的培养过程中存在一些最基本的关系与作用：（一）教育与教育对象的身心发展以及个性特征的关系。教育过程既要受到教育对象身心发展、个性特征所制约，又要引导和促使教育对象的身心转向预期的培养目标健康发展；（二）人的全面发展教育各个组成部分的关系。在教育过程中必须促使德、智、体和谐发展；（三）教育者（教师）、教育对象（学生）、教育影响（教育载体、媒体，主要形式为教科书

---

① 何东昌：《中华人民共和国重要教育文献（1976—1990）》，海南出版社 1998 年版，第 1579 页。

等）诸要素的关系”①。

80年代初教育理论界对教育内外关系规律理论的探讨对20世纪80年代以来我国高等教育政策的制定产生了十分重要的影响，成为重大高等教育政策的客观依据。比如1985年的《关于教育体制改革的决定》提出“为90年代以至下世纪初叶我国经济和社会发展，大规模地准备新的能够坚持社会主义方向的各级各类合格人才”“这些人才都应该有理想、有道德、有文化、有纪律，热爱社会主义祖国和社会主义事业，具有为国家富强和人民富裕而艰苦奋斗的献身精神，都应该不断追求新知，具有实事求是、独立思考、勇于创造的科学精神”。1985年，全国高等教育工作会议上，何东昌又做了《关于调整改革和加速发展高等教育的若干问题》的报告。报告指出：“高等教育的改革和调整，主要针对的是两个方面的关系：一是教育事业与经济建设的比例关系，把教育投资往上调；二是教育内部各种比例关系，目前要发展短缺方面，使之与社会主义现代化建设相适应。”②

1990年，党的十三届七中全会通过的《中共中央关于制定国民经济和社会发展十年规划和“八五”计划的建议》提出：“继续贯彻教育必须为社会主义现代化服务，必须同生产劳动相结合，培养德、智、体全面发展的建设者和接班人的方针，进一步端正办学指导思想，把坚定正确的政治方向放在首位，全面提高教育者和被教育者的思想政治水平和业务素质。”这一政策要点在1993年的《中国教育改革和发展纲要》、1995年的《教育法》和1998年的《高等教育法》中再一次被强调。不难看出，无论是培养适应我国经济和社会发展的社会主义各级各类合格人才，还是为社会主义现代化服务的建设者和接班人，都说明80年代以后的一系列教育政策几乎是对教育外部关系规律的全面接纳，只是表述更为具体明确，结合了教育发展的政治价值，形成了政治与经济价值并举的教育政策。

---

① 潘懋元：《新编高等教育学》，北京师范大学出版社2006年版，第13页。

② 金铁宽：《中华人民共和国教育大事记》第2卷，山东教育出版社1994年版，第1439页。

三 1990 年至今：多元价值并存

进入 21 世纪之后，发展理论对于我国高等教育政策制定的影响显著，很多高等教育政策都是在相关发展理论的直接作用下形成，有的甚至直接采纳了一些理论的观点，尤其是一些作为学术研究的话语被直接转变为政策的话语。比如高等教育大众化、高等教育毛入学率等，这也从侧面反映了我国教育政策制定科学化程度的不断提高。根据政策主题的不同，可以将该时期的各种政策概括为高等教育扩招政策、高等教育收费政策、高等教育公平政策、高等教育质量政策等。而在这一时期，对我国高等教育政策产生较大影响的有非均衡发展理论、人力资本理论、高等教育大众化理论、教育公平理论，等等。

人力资本理论的核心观点是：人力资本是凝结在劳动者身上的知识、技能等方面的总和，人力资本对于经济发展的推动大于物力资本，教育不再是消费性的，而是人力资本投资的最主要部分。人力资本理论是影响我国高等教育扩招政策的重要理论之一，高等教育扩招政策是对高等教育发展经济价值选择，通过集聚大量的人力资本以达到促进经济增长的目的。高等教育扩招政策影响深远，将会在下节以个案的形式进行分析。同时，人力资本理论认为，高等教育投资不仅会给社会经济发展带来巨大效益，而且还会给个人带来收益。比如，20 世纪中后期以来，我国高等教育收益率逐年上升，大学本科毕业生的明瑟收益率（Mincer 1974 年提出的教育收益率计算模型，反映受教育者由于多接受一年教育而使收入增加的指数）1996 年为 8.23%，1997 年为 9.68%，到 1998 年达到 11.35%，已超过了物质资本投资通常为 10% 的收益率，对高等教育的投资成为一项给个人（家庭）带来较高收益的投资。[①] 这就是说，人力资本理论同时强调教育发展的个体价值和社会价值，为高等教育的收费政策提供了相应的理论依据。高等教育收费政策选择和认可了高等教育发展的个体价

① 徐艳玲：《我国高等教育对经济增长的作用浅析》，《科技创业月刊》2006 年第 7 期。

值，即高等教育能提高个体的经济收入，改变个体的社会地位以及获得其他一些精神性收益。根据“谁受益、谁承担”的市场原则，与此相对应的是中国高等教育扩招伴随着学费的大幅度增长。

另一个对高等教育收费政策产生影响的是高等教育成本分担理论。20 世纪 70 年代世界高等教育的大发展受益于人力资本理论的盛行，但由于各国政府的财政吃紧，发现仅仅由政府提高高等教育经费是难以维持的，所以增加高等教育的投资主体是唯一的选择。1986 年，美国教育经济学家约翰斯通（D. Bruce Johnstone）在《高等教育的成本分担：英国、联邦德国、法国、瑞典和美国的学生财政资助》中正式提出了高等教育的成本分担理论，它实际上是人力资本的进一步延伸，高等教育成本指的就是对人力资本的投资，这一理论直接成为了世界各国高等教育学费政策的理论依据。在人力资本理论和高等教育成本分担理论的联合作用下，我国高等教育制定了有关高等教育收费的一系列政策。

1999 年的《中共中央国务院关于深化教育改革全面推进素质教育的决定》中规定：“在非义务教育阶段，要适当增加学费在培养成本中的比例，逐步建立适合社会主义市场经济体制以及政府公共财政体制的财政教育拨款政策和成本分担机制。”“要适当增加学费在培养成本中的比例，同时规定高校收取的学费最高不得超过生均培养成本的 25%。”同年 11 月，国务院副总理李岚清在全国高校后勤社会化改革工作会议上指出：“对高等教育的培养成本要尽快建立起一种国家、学校和学生家长或个人共同合理分担的机制，逐步适当扩大学生家长或个人上学缴费所占培养成本的比例。”

教育公平理论是对教育公平价值的肯定和追求，最早是在西方兴起，21 世纪以后成为我国教育理论界讨论的热点，教育社会学、教育伦理学、教育经济学等都从各自的学科层面对教育公平进行了多层次、多角度的剖析，其中教育社会学和教育伦理学的影响最大。1966 年，美国的科尔曼教授（James S. Coleman）向国会提交《教育机会均等的观念》的报告，是最早关于教育公平的理论探索，他提出了四条教育公平的标准：一是进入教育系统的机会均等；二是参与教育的机会均等；三是教育结果均等；四是教育对生活前景机会的影响均等。显而易见，科尔曼的“教育公平论”的核心就是教育机会均等，从当时的美国社会背景来看，该论断对美国教育的意义重大，直接推动了美国肯定性行动计划的实施，废除了一些不利于弱势群体的政策。

对我国教育公平研究影响较大的有胡森（Torsten Husen）的教育公平理论，他认为教育机会均等在不同社会哲学的作用下形成了三种教育机会均等的结构，即起点均等、过程均等和结果均等。起点均等强调教育权利平等，即法律保障人人都有受教育的权利；过程均等强调教育机会平等，即教育制度应平等地对待每一个儿童；结果均等是指在确保人人都有受教育机会基础上，注重人的差异性，使每个儿童都有相同的机会受到不同方式的对待。[①] 伦理学大师罗尔斯（John Bordley Rawls）是从伦理学的角度释义公平，在他看来，公平即公正和正义。他的公平论对教育发展的意义更多的是在于以补偿原则为中心建立的教育补偿论和以差异为中心的差异公平观，即对原本处于不利条件下的受教育者给予相应的补偿，以缩小他们同其他人在起点上的差距；为不同的受教育者提供不同的教育方式和方法。通过我国学者对国外教育公平理论的积极引进和倡导，我国的高等教育政策的公平价值取向开始凸显，主要从高校学生奖助贷、高考招生制度等政策中得以体现。

在高校学生奖助上，早在 1993 年的《中国教育改革和发展纲要》中就提出设立奖学金和助学金，对家庭贫困的大学生给予一定的帮助，逐步健全“奖”“贷”“助”等大学生资助体系。《2003—2007 年教育振兴行动计划》也明确实施贫困生助学制度，在高等学校积极推进国家助学贷款政策的落实，并通过金融、保险、捐助、勤工助学和国家有关优惠政策等多种形式保证经济困难的学生入学和完成学业。《国家中长期教育改革和发展规划纲要（2010—2020）》要

---

① 易红郡：《西方教育公平理论的多元化分析》，《湖南师范大学学报》（教科版）2010 年第 7 期。

求完善中等职业学校、普通本科学校和高等职业学校家庭经济困难学生资助政策体系；完善助学贷款机制，完善研究生助学机制，设立研究生国家奖学金，根据经济水平和财力状况，建立国家助学金标准动态调整机制。在这一系列的奖助政策的推动下，我国对高校学生的资助经费不断增加，2009 年，全国高校学生资助经费支出总额为 369.65 亿元，比 2008 年的 304.13 亿元增加了 65.52 亿元，增幅 21.54%，其中，奖学金增加 24.33 亿元，增幅 35.47%，助学金增加 3.24 亿元，增幅 3.5%，国家助学贷款增加 27.61 亿元，增幅 41.86%。[①] 从政策效果来看，建立多元化的高校学生资助体系，保障弱势学生的高等教育入学机会以及完成高等教育的机会是维护公平价值的重要表现，也是在践行教育补偿论。至于高考招生制度的演变详见表 6－2。由具体政策内容可知，高校招生自主权呈现不断扩大的趋势，多元化是招生改革的发展趋势，强调多元化意味着对差异性的重视，只有突出差异去满足不同人的不同需求，使更多的人获得更合理的对待，实质上是在保障一种教育均等，践行差异的均等，即差异的公平观，有助于高等教育发展公平价值的实现。

毫无疑问，这一时期的高等教育政策的价值选择和取向远不止对经济、公平价值的追求，而且还包括效率、质量等其他价值。尤其是高等教育质量，它是 20 世纪末世界高等教育发展的重要理念，在联合国教科文组织的重要政策中多次予以肯定和确认。比如 1995 年《关于高等教育的改革与发展的政策性文件》中认为高等教育质量是高等教育发展的核心理念，它也成为我国新时代高等教育发展的主题词，也有不少政策文件专门将高等教育质量作为价值追求。比如《国家中长期教育改革和发展规划纲要（2010—2020）》在高等教育部分，1600 字左右的政策文本一共出现了 7 次“质量”这个概念，对高等教育质量给予了空前的关注和强调。需要说明的是，20 世纪 90 年代被称为“211 工程”“985 工程”的两

① 唐璐：《高等教育公平与质量的分离与协调》，硕士学位论文，湘潭大学，2012 年，第 15 页。

项高等教育政策影响深远，它们是对高等教育发展效率的强调和追求，主要是受到非均衡发展理论的影响和作用下制定，后面将以个案的形式探讨和研究。

表 6－2　　高考招生制度政策的有关规定

年份	文件名称	政策内容
1999	《面向21世纪教育振兴行动计划》	要利于高等学校更加公正地选拔合格人才的原则出发，探索适合不同地区和学校特点的高等学校考试、招生评价的方法和制度。
2001	《全国教育事业第十个五年计划》	改革考试评价和招生选拔制度，基本完成毕业生就业制度改革，加强学生的能力和素质的考察。探索多次机会、双向选择、综合评价的高等学校招生选拔方式。允许地方院校资助跨地区招生。
2004	《2003—2007 年教育振兴行动计划》	加快考试评价制度的改革，完善普通高中会考制度，结合新课程的全面推进，深化考试内容、高考制度和高等学校招生制度改革。
2010	《国家中长期教育改革和发展规划纲要（2010—2020）》	推进招生考试制度改革，克服"一考定终身"的弊端。逐步实施高等学校分类入学考试，普通本科、高职、成人、研究生各种教育按不同的形式招生。

第二节　高等教育政策个案分析之一：高等教育扩招政策

始于 1999 年的高等教育扩招政策实施已超过十年，其所带来的高等教育发展规模和速度都是史无前例的。1999—2002 年，由于我国扩招政策持续的实施，我国高等教育的毛入学率也从 1998 年的 9.1% 上升到 2002 年底的 15%，实现了高等教育从精英化到大众化的转变。[①] 因此，高等教育扩招又常常与高等教育大众化同日而语，

① 王革等：《以和谐文化为精神动力　做好大学生就业工作》，《中国教育报》2007 年 5 月 10 日第 1 版。

高等教育的扩招政策通常被理解为高等教育的大众化政策。

其实，这种看法值得商榷，因为最初的高等教育扩招并不是为了实现大众化而扩招，这一点可以从政策制定的理论依据中得到验证，即最初高等教育的扩招政策不是在高等教育大众化理论的影响下制定，而是在一些经济学理论的直接推动下形成，如果把高等教育扩招放在社会发展的大背景来看，与其说是一项高等教育发展政策，不如说是一项经济发展的政策。客观上，高等教育扩招确实直接使我国迅速进入高等教育大众化时期，高等教育大众化理论也在扩招政策实施以后对其产生了持续的影响，这是由于高等教育大众化的实践推动了我国高等教育理论界对于高等教育大众化理论的积极研究和探讨。要阐述发展理论是否对高等教育扩招产生影响以及如何影响，关键是要弄清高等教育扩招政策形成的背景及动因，也即高等教育扩招政策的目标（拟解决的问题）。

一　高等教育扩招的背景及动因

（一）发展主义主导下凯恩斯主义和人力资本理论的越界

发展主义是对发展本质有着共同价值信念的若干理论所组成的理论群，它们主要分布在发展经济学、发展社会学、发展哲学等发展学的分支学科中。发展主义的共同价值信念最集中表现为将经济增长视作社会发展先决条件，甚至把经济增长等同于社会发展，经济增长的快慢仅仅以 GNP、GDP 等经济指标作为衡量标准。在世界高等教育史上，发展主义曾产生了不可忽视的影响：发达国家为了保持持续高速的经济增长，加强了对高等教育发展的控制，发展中国家为了迎头赶上，高等教育发展规划成为国家重大战略一部分。但是在发展主义的作用下，这些发展高等教育的政策措施都旨在增进经济的增长和发展。“教育应毫不妥协而坚定地成为经济发展的侍女”[①]。20 世纪五六十年代许多国家高等教育规模扩大根本上是发展主义的产物，为了

① W. F. 康内尔：《二十世纪教育史》，张法琨等译，人民教育出版社 1990 年版，第 880 页。

实现发展经济的目的，世界各国大力建设本国的高等教育系统，扩充高等教育的规模，使得教育发展不适应于经济的发展，甚至过度超前发展。比如“二战”之后，在发展主义的影响下，韩国树立了“教育兴邦”的计划，大力发展高等教育，高等教育获得了迅速的扩张，1953—1959 年，高等教育学生数增长了 93%，但是这种增长并没有使得经济获得如期的发展，却造成了大量的大学生失业，加剧了社会的不稳定。

历史总是惊人的相似，我国的发展也曾一度受发展主义的影响，这种发展主义更多地是以“赶超”的形式体现，教育也是“赶超”战略的一部分，“高等教育大跃进”正是赶超在高等教育领域的极端体现。改革开放之后，我国确立了经济建设的核心任务，发展经济成了整个国家的主导话语。从 1978 年我们党的十一届三中全会开始，确定了我们的根本政治路线，把“四个现代化建设，努力发展社会生产力”，作为压倒一切的中心任务，“发展才是硬道理”，从这些政治话语中足以看出发展主义对我国的影响深远，高等教育也不可避免地受到发展主义的影响，最直接的部分就是强调高等教育要为经济发展服务。从改革开放之后一直到 1997 年的上半年，我国经济一直高速的增长，GDP 总量保持着 9.6% 的年增长速度。但是 1997 年下半年，亚洲爆发的严重经济危机使我国的经济发展蒙上阴影，对外贸易受到严重影响，经济增幅受挫甚至开始全面下滑，需求不足成为经济发展的主要矛盾。需求不足主要表现为各类物价指数在很长时间内持续下跌，城乡居民收入增幅继续下滑，连续降息 7 次都没有使居民的储蓄存款减少，可见消费市场过于疲软。刺激消费、扩大内需成为促进经济持续增长的救命稻草，在 1998—1999 年，我国政府通过鼓励市民购买房屋和车辆等政策来刺激消费，但是这些政策收效不大。

在这样的境遇下，有经济学家将刺激消费的靶子转向了教育，特别是高等教育。比如亚洲开发银行中国代表处的前首席经济学家汤敏主张通过刺激高等教育的需求以达到恢复和促进经济的发展，他建议三年内高等教育招生数量增加一倍，按照每生每年一万元学费的标准，可以多收学费 200 亿元，也会增加这部分学生在校的消费。同时加上大学附近的各种相关产业的发展，还有产生一系列的投资效应，高校扩招对拉动经济增长的作用大约可以提升 GDP 0.5 个百分点，差不多有 1000 亿元之多。

为此，汤敏与其夫人左小蕾给国务院领导写信，正式向最高层提出扩大高等教育规模来拉动经济的建议。时任主管教育的李岚清副总理在其教育访谈录中对高校扩招动因进行了分析："一是经济持续快速发展需要更多的高素质人才。二是广大群众普遍渴望子女都能接受高等教育，政府有责任尽量满足他们的这种愿望。三是扩招也可以推迟学生就业，增加消费，是拉动内需、带动相关产业发展的重要举措。四是由于过去招生比例低，录取人数少，迫使基础教育集中力量应付高难度的考试，影响了素质教育的全面推行"①。尽管李岚清的论述中给出了关于扩招的多方面原由，但显然高等教育扩招的决策受到了汤敏等经济学家的直接影响，即扩招的直接动机是来源于发展经济的需要。因为在经济危机发生之前，无论是官方还是教育理论界都保持一致的基调，即"维持现有的高等教育规模、只能缓慢发展"，无论是行政官员还是教育研究学者，都认为我国没有扩大高等教育规模的必要，高校也不具备扩招条件，市场对高级人才没有过多的需求。官方文件的主旋律也是保持"稳定规模"的总旋律。比如 1992 年 1 月，国家教委印发《全国教育事业十年规划和"八五"计划要点》，提出今后 10 年"前 5 年在校生规模基本稳定，后 5 年适当发展"的目标。1993 年 1 月，国务院批转国家教委《关于加快改革和积极发展普通高等教育的意见》，提出要使高等教育"规模有较大发展，结构更加合理，质量上一个台阶，效益有明显提高""坚持走内涵发展为主的道路"。

基于此，本研究认为高等教育扩招政策的实质目的是为了拉动经济增长，解决经济危机和保持社会稳定，选择的是高等教育发展的经济价值。所以从根本上说，高等教育扩招政策仍然是发展主义的产物，即把经济增长视作社会发展先决条件，甚至把经济增长等同于社

① 李岚清：《李岚清访谈录》，人民教育出版社 2003 年版，第 119 页。

会发展，社会其他方面的发展都是为了经济增长服务的，高等教育自然成为了经济发展的婢女。具体而言，凯恩斯主义和人力资本理论都对高等教育扩招政策产生了影响。凯恩斯主义认为，政府要利用货币等国家财政政策对经济进行调控：在经济萧条时期，由于私人投资减少，政府就应当增加投资，使供需达到平衡。也就是说，凯恩斯主义强调政府在发生经济危机或是经济衰退的时候主动成为阻止经济衰退、解决经济危机的有效工具。尤其是短期的经济困难更加不应该等待市场去调整和恢复，而是由政府通过对科教文卫等基础事业的投资反过来刺激消费的增长，从而带来经济的长期增长。当有人接受了政府的投资，将这些投资用于购买消费资料，那么这笔额外的投入可以使企业进一步扩张，支付更多的人工费用，促进消费性增长。我国政府在20世纪90年代末实施高等教育扩招政策，投资高等教育，正是想通过教育来解决经济的问题，刺激教育消费摆脱经济的危机。实际行动证明凯恩斯的核心思想成为了制定政策的主要理论依据，正如政府所计划的，高等教育扩招拉动了建筑业、服务业的发展，如大型基础设施的建设。

人力资本理论是20世纪最有影响力的发展经济学理论之一，虽然人力资本理论饱受争议和质疑，但是它的核心观点还是对中国的高等教育扩招决策产生了较大的影响，它的代表人物是美国经济学家舒尔茨。舒尔茨认为，在各种人力资本投资中最重要的是教育投资。教育投资具有两重性，即生产性和消费性教育投资。教育投资的生产性在于它能够开发人的潜力，增长人的才干（包括文化知识、技能以及良好的素质），从而提高劳动者质量，促进劳动生产和经济增长。扩招的另一个动因“经济持续快速发展需要更多的高素质人才”说明了政策决策者对于人力资本理论核心观点的认同，并且期望通过扩招为经济发展提供更丰富的人力资源。从扩招的政策效果来看，经过10年的扩招之后，2009年我国的在校大学生达到2500万人，1999—2009年共授予硕士学位230万人，确实为我国经济发展集聚了大量高层次的人力资源。

（二）高等教育发展理论的影响

高等教育大众化理论对我国高等教育扩招起到了推波助澜的作用，其影响之大不可小觑。正如邬大光教授指出，“我们对规模扩张理论的关注主要集中在特罗教授的大众化理论，特罗教授的大众化话语正在成为我国有关高等教育大众化的惟一话语体系”①。高等教育大众化理论是由美国教育社会学学者马丁·特罗提出，他在考察欧美国家高等教育发展过程后，以高等教育毛入学率 15%、50% 为判定标准把高等教育发展过程划分为“精英”“大众”“普及”三个阶段，认为高等教育从一个阶段进入另一个阶段，其系统的内部十个指标会发生质的变化，如管理、经营、财政、课程、教师录用以及培养、学生选拔、科研资助、师生关系等方面都会有所变化。在西方学术界，一般认为高等教育大众化理论的学术贡献仅限于“大众化”“高等教育毛入学率”等概念的提出，并没有对具体的数量指标产生较大的认同，但是在我国却对具体的数字感兴趣，将 15% 的数量指标视如圭臬。OECD 就高等教育大众化理论也做出了评价：“教育界对高等教育大众化理论尚存争论，认为在不同国情条件下，高等教育的发展阶段不一定存在普适理论，但经济合作组织（OECD）成员及一些国家仍将其作为高等教育发展政策的理论依据之一”②。该评价与我国对高等教育大众化理论的态度吻合，即我国政府在推动高等教育扩招的过程中将高等教育大众化理论作为发展政策的理论依据。

2001 年 9 月 19—21 日，由厦门大学高等教育发展研究中心主办的“中国高等教育大众化理论与政策学术研讨会”将大众化理论提升到政策研究层面。来自全国各地的教育行政管理部门领导、大学领导、学者等共 80 余人参加了会议，研讨会还有来自联合国教科文组织的专家以及来自日本和香港的专家、教授等。与会代表参与了有关中国高等教育大众化的理论与政策的研讨和论争，与以往对大众化的争论不同，本次会议代表在要不要大众化的问题上取得了共识，与会

---

① 邬大光：《高等教育大众化的理论内涵和概念解析》，《教育研究》2004 年第 9 期。

② OECD, *Redefining Tertiary Education*, Paris: OECD, 1998, p. 69.

代表一致认为，无论国家最初基于什么目的进行扩招，现在的事实是高等教育大众化工程已经启动，我们研究的立脚点已经不是要不要大众化，而是如何大众化。社会要发展，国家要富强，大众化是中国高等教育发展的必然道路和必经过程，但大众化之路怎么走，还需要政府和研究机构共同来探讨。

从具体的政策内容来看，1999 年《面向 21 世纪教育振兴行动计划》提出："到 2010 年，在全面实现'两基'目标的基础上，城市和经济发达地区有步骤地普及高中教育，全国人口受教育年限达到发展中国家先进水平；高等教育规模有较大扩展，入学率接近 15%，若干所高校和一批重点学科进入或接近世界一流水平；基本建立起终身学习体系，为国家知识创新体系以及现代化建设提供充足的人才支持与知识贡献。"1999 年 6 月，《中共中央国务院关于深化教育改革，全面推进素质教育的决定》指出"要调整现有教育体系结构，扩大高中阶段教育和高等教育的规模，拓宽人才成长的道路，减缓升学压力。通过多种形式积极发展高等教育，到 2010 年，我国同龄人口的高等教育入学率要从现在的 9% 提高到 15% 左右"。此时，高等教育大众化的进程虽被开启，但是从政策文本中是找不到高等教育毛入学率、大众化等字眼，高等教育大众化理论的话语还未进入政策决策者的视野，这是因为扩招最初是在经济学家建议下的决策，更多受到经济学理论和思维的影响，初衷是为了拉动经济增长，注重高等教育发展的经济价值。

直到 2001 年 7 月，教育部在《全国教育事业第十个五年计划》中提出，到 2005 年高等教育毛入学率达到 15% 左右。2006 年 1 月陈至立在教育部直属高校工作咨询委员会第十六次全体会议明确宣称，世纪之交和"十五"期间，我国高等教育事业实现了跨越式发展，迈入国际公认大众化发展阶段。2007 年 10 月周济在教育部网站署名文章认为，目前我国高等教育规模已先后超过俄罗斯、印度和美国，居世界第一，高等教育已进入大众化发展阶段。之后，重大政策文件中高等教育大众化、高等教育毛入学率已成为司空见惯的话语，说明高等教育大众化理论的话语成为高等教育发展政策文本的重要话语。

令人吊诡的是在中国各级各类政府制定的社会经济发展规划以及教育发展规划中，高等教育毛入学率成为了一定时期的发展目标，高等教育大众化理论的一些概念指标演变成为了目标管理的手段，从某种程度上这也可看作是高等教育大众化理论影响高等教育发展政策的形式之一，即便这种影响在很多学者看来是异化的。

二　高等教育扩招政策的反思

1999 年，国务院做出了进一步扩大高等教育规模的重大决策，1999 年普通高校计划招生人数达到 153 万人，实际招生 159.7 万人，2000 年招生 220 万人，2001 年招生 260 万人，到 2002 年便提前实现了高等教育大众化。在扩招政策的制定模式上，依然延续了我国自上而下、由行政推动政策实施的一贯传统。但是由于学校的容纳数量有限，扩招的幅度起初曾受到质疑，比如时任教育部发展规划司司长纪宝成曾建议，在这么短的时间扩招 100 万学生是不切实际的，他建议最多可扩招 50 万人，而当时的教育部长认为这是党中央、国务院的最高决策，必须认同和贯彻执行。[①] 随之不久，高招扩招逐渐演变成了各方逐利的过程，高校可以通过扩大招生收取学费，地方政府以房地产开发的模式建大学园或大学城，地方政府和地方高校是高校扩招的主要力量，高等教育的规模、毛入学率甚至上升为地方政府的政绩指标，这也客观上进一步促进了高等教育的大跃进。

有关统计数据表明，地方高校的扩招速度远远快于部属高校。连高等教育扩招的最初建议者汤敏也不得不承认，扩招政策并没有得到很好的执行：一是扩招的规模，建议是三年扩招一倍，结果是六年扩招了五倍；二是关于助学贷款、助学金、奖学金制度没有得到应有的重视，从而造成了严重的贫困大学生问题；三是在高校扩招的同时，教育改革没有跟上，学科专业结构不合理、教育内容和方法陈旧等问题并未改变，造成高校学子非社会所需人才，成为大学生就业难的核

① 黄萍、庾光蓉：《我国高等教育扩招政策的决策过程管理反思》，《贵州社会科学》2013 年第 2 期。

心问题；第四，关于扩招的模式，他主张好学校多扩，差学校少扩，但结果却并非如此。[①]。汤敏对扩招政策实施后的负面影响的分析是中肯的，基本上反映了扩招所带来的负面效应。当然，高等教育大幅扩招使中国的高等教育迈入了大众化时期，提供了更多的高等教育入学机会，在一定程度上能够满足人民接受高等教育的强烈需求，这些都是高等教育扩招带来的历史性红利，但是“反思多因切腹痛”，所以本部分的反思重在分析扩招政策在选择高等教育发展价值的同时所舍弃了的价值，即高等教育扩招的代价。

第一，片面追求高等教育发展的“量的价值”，忽视“质的价值”。首先，从政策文本内容来看，《面向21世纪教育振兴行动计划》中指出：“高等教育入学率由1997年的9.1%，提高到2000年的11%左右。到2010年，高等教育规模有较大发展，入学率达到15%。”2001年教育部的《教育事业“十五”规划和2015年发展规划》提出2005年高等教育毛入学率达到15%左右。显然，我国高等教育发展政策在追求高等教育扩招的过程中仅仅注意到了高等教育发展量上的变化，而没有重视和追求质的变化。令人吊诡的是一些地方政府将高等教育毛入学率作为衡量政绩的新指标，作为一定时期高等教育发展的目标管理工作。这恰恰又是对高等教育大众化理论的曲解，高等教育大众化理论用高等教育毛入学率对高等教育发展阶段的划分不具有普适性的意义，数量上的划分是为了更好地显示高等教育发展质的差别，而我国的高等教育政策的制定是没有考虑到质的方面。

第二，片面追求高等教育发展的“经济价值”，忽视“公平价值”。高等教育扩招的直接动因是为了拉动内需，促进消费，其中最重要的一个方面是引导国内民众将银行中的大量储蓄用于教育投资，从而带动相关经济产业的发展，学费上涨成为了高等教育扩招的附属产物，也形成了全民缴费上大学的局面。据国家统计局数据显示，1999年，城镇居民人年均收入是5888.77元，农村居民家庭人均纯

① 柳建云：《“扩招之父”汤敏》，《广州日报》2007年8月28日第6版。

收入为2210.34元，而高等教育年平均学费约2769元，加上1000元左右的住宿费，其开支为3769元。[①]那么，城市居民的年人均收入的五分之三将被用来支付一年高等教育学杂费，再加上在校生的其他日常开销，城市居民的年人均收入水平完全不足以培养一名大学生。对于农村居民来说，一年的高等教育的学杂费已远远超过了他们的年人均收入，如果农民子弟想要求学，就只能负债上学，接受高等教育反而给家庭造成沉重的负担。实际上，每个家庭都不可能把年收入全部都用于教育消费，所以从经济学的角度对个人高等教育的投入进行简单的分析，也会发现很多教育之外的问题。更为严重的是当时我国的农村人口占了全国总人口的70%，也就是说有大量的家庭是根本无法凭借自身的收入接受高等教育的。就连教育部也承认，过高的学费会导致贫困生群体的出现。教育部估计，中国普通高等学校中，经济困难的学生占在校生的20%，特别困难的学生的比例在5%—10%之间。[②] 因此，高等教育的扩招确实提供了更多的高等教育入学机会，但只是少部分富裕家庭的孩子的机会，并没有为更多的一般普通大众提供更多的机会，高等教育发展的公平价值被忽略了。

第三，高等教育扩招在一定程度上违背了教育发展的内外部关系规律。教育外部关系规律指出教育的发展要与经济发展的水平相适应，受经济发展水平的制约。一方面，经济的发展水平会影响国家和社会对教育的投入；另一方面，与经济发展水平相适应更为重要的方面是高等教育培养的各类人才要符合社会经济发展需要，主要是指高等教育发展的专业结构要与经济发展的产业结构相适应，否则高等教育扩招就可能会引发失业的危机。世界高等教育史上不乏此类惨痛教训，比如20世纪50年代，韩国处于“教育兴邦”的考虑，大力发展高等教育，但是由于这一时期的高等教育的发展有悖于当时韩国的经济发展水平，特别是发展的学科和专业大部分是与经济发展脱节，

---

① 黄萍、庾光蓉：《我国高等教育扩招政策的决策过程管理反思》，《贵州社会科学》2013年第2期。

② 教育部：《关于我国高校经济困难学生情况与自主政策措施》，《中国教育报》2004年9月1日第2版。

导致了大量大学毕业生失业。联合国教科文组织也在批评一些国家盲目地实施“教育先行”计划时指出：“教育的迅速发展并没有使人们的生活水平随之提高，倒是持有文凭的青年中间失业和就业不足猖狂。”[①]

我国扩招的实际情况是，由于政策的仓促出台导致了扩招的专业集中于投入较少的文科类专业，而需要大量昂贵仪器设备的理工科专业由于投入的不足使高校难以马上开设和长久维系，而不少高校为了赶上所谓扩招的“机遇”，在政府投入不足的困境下又希望学校的规模有所提高，所以只能在文科类的学科和专业上做文章。实际中，多份调查研究都显示我国的经济发展需要大量的技术型专业人才，例如《金融时报》报道麦金赛咨询公司的一份调研报告称缺乏训练良好的毕业生，已经妨碍了中国经济的增长和发展更高层次的产业。比如中国从现在的制造型模式转向服务和研究型产业所面临的一个最主要的困难就是相关的人才缺乏。[②] 人才培养类型与经济发展需要不一致恐怕是我国连续多年出现高校毕业生就业难的原因之一。

第三节　高等教育政策个案分析之二：省域高水平大学政策

近年来，高水平大学建设作为我国由高等教育大国迈向高等教育强国的发展战略，成为我国高等教育改革发展的新目标，也成为省域高等教育发展的新指南。比如浙江省、安徽省、广东省都相继实施了本省高水平大学建设计划。2014 年，浙江省政府在《关于实施省重点高校建设计划的意见》中指出，到 2020 年全省高等教育竞争力和综合实力进入全国省（区、市）前 6 位，若干所高校在全国同层次、同类型高校中处于领先地位。2015 年初，安徽省《关于地方高水平

① 金一鸣：《教育原理》，安徽教育出版社 1995 年版，第 54 页。

② 金融时报：《教育模式影响中国产业转型》，2005 年 10 月，新浪网（http://news.sina.com.cn/w/2005-10-22/15137236848s.shtml）。

大学立项建设分类发展的意见》出台，将分三类（地方特色高水平大学、地方应用型高水平大学、地方技能型高水平大学）推进地方高水平大学建设。2015 年 7 月，广东省政府同意中山大学等 7 所高校和广州中医药大学中医学等 18 个学科项目分别入选广东高水平大学重点建设高校和重点学科建设项目。此后一年内，广东又出台了建设 3 所高水平理工大学、建设 18 所一流高职院校的政策。地方政府推动高水平大学建设是中央政府"双一流"政策出台前的试水和主动策应，还是地方政府主导的 20 世纪 80 年代的"新大学运动"、20 世纪 90 年代的"新建本科运动"以及 20 世纪末至 21 世纪初的"兴建大学城运动"的逻辑延续？它会是地方高等教育发展的曙光吗？本节以广东作为代表，围绕以上问题，分析高水平大学建设政策的历史演进特征以及现实价值选择。

一　高等教育非均衡发展的历史演进

非均衡发展最初由经济学家提出，并且产生了一批代表性理论，比如赫希曼（Albert Otto Hirschman）的不平衡增长理论、佩鲁（Francois Perroux）的"增长极"理论、缪尔达尔（Gunnar Myrdal）的循环累积因果理论等，这些非均衡发展理论的共同之处在于都认为非均衡发展是绝对的，发展依赖于非均衡方式。不过西方的非均衡发展理论并未对我国的重点大学政策产生直接影响，但对我国经济发展政策产生了影响。我国在改革开放之后逐步形成了非均衡发展的理论，以政治领袖邓小平为代表。

一方面，邓小平的非均衡发展理论是对毛泽东经济发展不平衡思想的继承和发展。毛泽东在中华人民共和国成立初期就已经发现经济发展具有不平衡规律，他在论述生产力与生产关系、经济基础与上层建筑的关系时就认为两者相适应就是平衡，不适应就是不平衡，经济发展的过程就是从适应到不适应，从不平衡到平衡再到不平衡这样一个循环反复的过程；另一方面，邓小平作为我国改革开放的总设计师，在制定经济发展政策之前，汲取了世界各国经济发展的宝贵经验，尤其是注意到了西方"非均衡发展理论"对经济发展的影响，发现世界各国经济发展总是沿着“非均衡——低水平均衡——非均衡——高水平均衡”的发展路线前进。邓小平在吸收马克思主义者有关经济发展思想的基础上，借鉴了西方发展经济学有关非均衡发展的思想，形成了自己的非均衡发展理论，对我国的经济发展政策以及高等教育发展政策起到了指导作用。非均衡发展思想最初是在经济领域产生作用，后来逐步影响到社会发展各个领域。邓小平非均衡发展理论体现在经济领域的观点：

第一，社会主义初级阶段的经济发展存在非均衡性。从空间上看，区域经济发展存在不平衡，实行了由东向西的“台阶式”发展；从时间上看，经济目标的实现有先有后，实行了“三步走”渐进式发展；从产业结构发展来看，基础产业重点发展；从财富增长与分配形式上，鼓励一部分人先富起来，实行“先富带后富”①。

非均衡发展理论对高等教育政策影响的具体表现就是重新恢复重点大学政策，重点大学政策的实质是在高等教育领域实施非均衡发展。1976 年，十年“文革”动乱终于结束，社会秩序恢复正常，高等教育领域也掀起拨乱反正运动。“文革”对高等教育破坏严重，特别是造成各领域专业人才的断层，而经济的恢复和发展又急需大量人才。因此，高等教育需要采取非均衡发展模式，不仅要多出人才，而且要快出人才，非均衡发展的重点是强调高等教育发展的效率。1977 年，邓小平在《教育战线的拨乱反正问题》的讲话中指出，“重点大学搞多少，谁管，体制怎么定？我看，重点大学教育部要管起来。教育部直属重点大学，双重领导，以教育部为主。教育部要直接抓好几个学校，搞点示范”②。在 1978 年全国教育工作会议上，他旗帜鲜明地指出：“为了加速造就人才和带动整个教育水平的提高，必须考虑集中力量加强重点大学和重点中小学的建设，尽快提高它们的教学水

① 胡德超：《试论邓小平非均衡发展思想》，硕士学位论文，东北师范大学，2012 年，第 6 页。

② 教育部：《邓小平教育理论学习纲要》，北京师范大学出版社 1998 年版，第 65 页。

平和教学质量"[①]。这些指示和讲话体现了邓小平在运用非均衡发展思想思考高等教育发展实践，为随后恢复重点大学政策提供思想指导和理论依据。同时，也反映出他的非均衡发展思想不仅旨在追求高等教育发展的效率，也是为了对其他大学产生示范作用，带动整个教育水平的提高，根本目的是为了实现高层次的均衡。在邓小平非均衡发展思想的直接作用下，1978 年 2 月 17 日，国务院转发教育部《关于恢复和办好全国重点高等学校的报告》指出，"恢复重点大学的目的是推动教育战线的整顿工作，迅速提高大学的教育质量，迅速适应经济和社会建设发展需要"[②]。显然，从两个"迅速"中可以看出，重点大学政策的目的是为了追求高等教育发展的效率。

改革开放以来，中央政府致力于实施"两极政策"，一是推进义务教育均衡发展或曰基础教育服务均等（衡）化，主要举措是立法明确以县为主、中央转移支付等政策；二是推进高等教育的非均衡发展，代表举措是"211 工程""985 工程"两项重点大学政策。基础教育尤其是义务教育必须均衡发展，这已是学界不争的事实。与基础教育不同，中央政府极力推进高等教育的非均衡发展，其原因一方面在于我国处在社会主义初级阶段，整体发展水平还很低，加之经济发展极不平衡，造成教育资源不均，要想在短时间内实现高等教育均衡发展是不现实的，如果使用强制性的调控手段实施高等教育均衡发展，在短期内可能起作用，但只会使整个高等教育系统处在低水平的均衡状态，使高等教育系统缺乏应有的活力。所以，为了更加高效地使用有限教育资源，可以让一部分高校先行发展，然后带动另一部分高校发展，最终实现所有高校的整体发展。也就是说，高等教育非均衡发展是特定时期的必然选择，是对高等教育发展效率的诉求。

第二，我国作为最大的发展中国家，无论是经济建设，还是高等教育发展，一直都在追赶先进发达国家的步伐。而世界各国的发展实

---

① 缑国禧、李曜明：《重点中学办学模式的探索与思考》，《教育理论与实践》1988 年第 2 期。

② 何东昌：《中华人民共和国重要教育文献（1976—1990）》，海南出版社 1998 年，第 1597 页。

践都证明，发展中国家在赶超先进国家的发展过程中的普遍做法就是接受非均衡发展思想，实施非均衡发展战略。在20世纪90年代，非均衡发展催生了我国的“211工程”和“985工程”两项重点大学政策。“211工程”的目的是使我国大学能更早、更快地位列世界知名大学之林，因此举全国之力来办好一批大学、一批学科，实质是追求高等教育发展的效率。“985工程”可以说是重中之重，即在“211工程”重点建设大学中再挑选一批学校重点建设，它已经不是简单强调高等教育发展效率，而是积极追求世界精英高等教育，迫切希望出现一批世界一流大学。

广东作为改革开放的前沿，是实施经济非均衡发展的主阵地。与国家“东部—西部”和“特区—全国”的“梯度发展战略”相契合，广东采取以珠三角为核心、粤东粤西为两翼的梯度发展模式。受经济发展水平制约，广东高等教育基本沿用了梯度发展模式。目前，广东共有高校144所，其中珠三角地区就占了105所，高校的空间分布显示出梯度发展的特征。不过，这种梯度发展更多地是一种被动的非均衡发展（受经济水平制约），而高水平大学政策则是在高等教育领域内主动实施非均衡发展，这种由被动转向主动的过程是由政治精英发起的。

2014年4月，广东省委书记胡春华在中山大学、华南理工大学调研时提出：“要办更多高水平的名牌大学。现在广东138所大学中，属于‘211工程’的仅4所，广东高等教育发展与先进地区的差距就差在缺少高水平大学上。我们要有意识地扶持，争取能有几所进入国家重点大学行列。”[①] 胡春华的讲话明确建设广东高水平大学的目的是缩小与先进地区的差距，争取能有几所大学进入国家重点大学的行列，原则是坚持扶优扶强，路径是制订重点大学培育发展计划。显然，广东高水平大学政策实际上是重点大学政策向省域高等教育的延伸，即在省域高等教育中实施非均衡发展战略。2015年2月9日，

---

① 胡春华：《在中山大学、华南理工大学调研座谈时的讲话》（http：//www. gdhsc. edu. cn/? p =9840）。

《中国教育报》刊登“广东投50亿建高水平大学”的新闻，建设高水平大学的初步遴选标准是将综合实力较强的高校整体纳入重点建设高校范围，将学科特色明显的高校以重点建设项目方式纳入建设范围，目的是推动一批高校的综合实力、区域竞争力和国际影响力跃上新台阶，带动全省高等教育水平的提升。从遴选标准和建设目标来看，广东高水平大学政策是政府主导的，以提升教育质量和地方高等教育综合实力为目标，以加大经费投入和绩效考核为手段的发展战略，它既是提升区域经济竞争力的需要，也是地方政府对中央政策的主动策应。

值得注意的是，2017年1月24日，教育部、财政部、国家发展改革委联合印发《统筹推进世界一流大学和一流学科建设实施办法（暂行）》，要求省级政府应结合经济社会发展需求和基础条件，统筹推动区域内有特色高水平大学和优势学科建设，积极探索不同类型高校的一流建设之路。各省纷纷研制未来5—10年的大学发展和学科建设方案。显然，广东高水平大学政策契合“双一流”建设目标，且又一次“抢占”政策先机。

二 高水平大学政策的价值选择

托马斯·戴伊（Thomas R. Dye）指出：“凡是政府决定做或不做的事情就是公共政策”，高等教育政策本身就代表政府对于高等教育事业发展的一种价值选择——决定做什么或不做什么，并且高等教育政策的价值选择是一个包括目标选择、手段选择和结果选择的过程。[①] 政策的目标是价值选择过程的开端，反映政策满足主体的超前需要；政策的手段是实现目标的工具，离开手段，目标就无从实现；政策的结果是价值选择的终端，也就是选择何种价值作为政策的评价标准。从政策目标、手段、结果的价值选择来看，高水平大学政策坚持效率优先、自上而下、多元发展的价值选择。

① 刘复兴：《教育政策价值分析的三维模式》，《教育研究》2002年第4期。

（一）目标：效率优先

目标集中体现政策制定者的价值期待和追求，是高水平大学政策的价值基础。就政策目标而言，“211 工程”“985 工程”是在特定历史时期为了缩小与世界一流大学之间差距而产生的追赶政策，“集中力量办好 100 所左右重点大学和一批重点学科”“加快创建世界一流大学”等政策话语都是追求高等教育发展效率的表现。在高等教育发展初期，教育资源相对缺乏的情况下，选择高等教育非均衡发展策略符合实际，相应的政策的确给我国高等教育发展带来了生机和活力，追求高等教育发展效率在一定程度上得到实现。有数据显示，通过十余年的“211 工程”和“985 工程”建设，中国重点大学与美国大学联盟学校的差距正在缩小，特别是在科研能力和高层次人才培养方面差距缩小显著。① 同时，中国高水平大学的整体发展水平也获得质的飞跃。2016 年 9 月 21 日，英国《泰晤士高等教育》公布的“2016—2017 年世界大学排名”中，中国共有 52 所学府进入排行榜，其中排名最高的是北京大学，排在 29 位，而这些大学都是“211 工程”重点建设大学。经过“211 工程”的三期建设，我国已有大学进入世界高水平大学行列，在亚洲高水平大学中的位置也有整体性提升。

在“211 工程”“985 工程”等重点大学建设项目取得明显成效之后，广东高等教育延续了重点发展政策——高水平大学政策，并且在政策制定之初就定下基调，其主要任务是缩小与国内其他高等教育发达地区的差距，原则是扶优扶强，效率优先自然成为主导价值取向。从现实背景来看，广东经济发展水平与其高水平大学数量明显不匹配，广东采取建设高水平大学的非均衡发展战略是必要的。从可行性来看，非均衡发展理论强调区域发展的非均衡和这种区域非均衡的可解决性——即“走区域非均衡发展，最终促进区域共同发展的道

① “211 工程”部际协调小组办公室：《“211 工程”发展报告（1995—2005）》，高等教育出版社 2007 年版，第 12 页。

路"。[①] 即先让一部分高校先行发展，然后带动其他高校发展，最终实现所有高校整体发展。这种理论认识为广东实施高等教育非均衡发展战略提供了决策参考，广东可以通过培育和打造高等教育的"发展极"，最终促成省域高等教育的共同发展。换言之，高水平大学政策是广东特定时期高等教育发展的必然选择，依然是秉持了对高等教育发展效率的诉求。

（二）手段：自上而下

"自上而下"是指政策的制定及执行首先由政治精英提出宏大的政策目标，再由教育主管部门负责具体政策方案设计的一种政策制定和执行模式。"自上而下"强调上级长官的核心地位，政策制定是上级长官的权利，执行者必须贯彻上级的意志。佩奇（Edward C. Page）曾指出："自上而下的政策制定观意味着：决策的重要性完全取决于它是在科层等级的哪一层作出的；因此，最重要的决策是由政府机构的最高人物作出的。……而处于科层等级低层的人们，只是执行这些决策罢了"[②]。"985 工程"的制定和执行是一个典型的自上而下过程。1998 年 5 月 4 日，在北京大学百年校庆大会上，国家主席江泽民提出："为了实现现代化，我国需要若干所具有世界先进水平的一流大学。"为了贯彻和落实这个重要讲话，1998 年 5 月 5 日，教育部专门召开会议研究部署。1998 年 12 月，教育部制定的《面向 21 世纪教育振兴行动计划》指出："决定相对集中国家有限财力……，今后 10—20 年，争取若干所大学和一批重点学科进入世界一流水平"，这项建设计划简称"985 工程"。

与"985 工程"相似，广东高水平大学政策延续自上而下的制定执行模式。在 2014 年 4 月 4 日，广东省委书记胡春华在华南理工大学调研时提出要创建更多的高水平大学。2014 年 5 月 8 日，副省长陈云贤主持召开进一步扩大和落实高校办学自主权座谈会，强调深化

---

① 伊继东等：《基于非均衡发展理论的省域高等教育布局结构调整——以云南省为例》，《云南师范大学学报》（哲学社会科学版）2013 年第 1 期。

② Edward C. Page, *Political Authority and Bureaucratic Power*, New York: Harvest Wheatsheaf, 1992, p. 61.

教育领域综合改革，创建更多高水平大学。2015 年 1 月 19 日上午，广东省教育厅召开厅党组会议，罗伟其厅长传达了广东省委十一届四次全会精神，并结合广东教育实际提出三点贯彻意见，其中之一就是全面落实四次全会对教育工作提出的任务，全面启动广东高水平大学建设。高水平大学政策遵循自上而下的逻辑合乎我国的政治体制和管理体制，即我国的政治权力相对集中，强烈依赖政治精英决策。这样的决策模式往往能够起到宣传引导、鼓舞人心、激励士气的作用，比如广州大学和广东工业大学都分别在 2014 年的党委二届七次会议和新学期工作会议中，强调高水平大学政策是学校发展的机遇，并且表达了建设高水平大学的决心。

（三）结果：发展多样化

如果“过于强调获得世界一流大学的地位，可能会损害某一特定的大学或院校系统。这样做有可能使得精力和资源偏离更重要并且可能更现实的目标。它或许会使人们以牺牲大学的入学率与为国家服务为代价，将精力过多地投在了建设研究型大学也就是精英大学上”[①]。因此，高水平大学建设绝不能仅以精英大学的发展作为评价标准，而是要追求多层次、多类型的高水平大学。我国除了实施“211 工程”“985 工程”以外，还设立了“国家示范高职院校”项目，广义上这也是“重点大学”政策的组成部分，重点大学政策兼顾了学术与社会价值，没有将重点大学限定为高水平研究型大学，仅仅为培养研究型创新人才、生产新知识服务，而是将其外延扩展到应用型本科院校和高职院校，也为社会培养应用型、技能型的专门人才。事实上，高水平大学政策已经覆盖到高职院校，2016 年 8 月，广东省确定省内 18 所高职院校为广东省一流高职院校建设计划立项建设单位，从政策层面支持高水平高职院校建设。

从目前出台的广东高水平大学、高水平理工大学、一流高职院校建设计划三项政策来看，高水平大学政策也开始呈现多样化取向。高

① ［美］菲利普·阿特巴赫：《世界一流大学的成本与收益》，《北京大学教育评论》2004 年第 1 期。

水平大学不是"一"的概念，而是"多"的概念；高水平大学不是绝对的概念，而是相对的概念；高水平大学不是"狭隘"的概念，而是"包容"的概念，即高水平大学不仅仅指高水平的研究型综合大学，还涵盖了高水平的应用型理工大学、高职院校等不同层次、不同类型的高校。现代社会的产业结构是多样化的，对人才的需求也是多样化的，既包括少数拔尖的研究性创新型人才，也包括大量的应用型、技能型专门人才，还需要数以亿计的高素质劳动者。

三　高水平大学政策之反思

应当说，广东全面启动高水平大学政策多少让人有些意外。其一，虽然广东省坚持"重点论"的发展方式，但都是以学科、人才、平台、科研项目为抓手，包括"南粤重点学科提升计划""高校重点人才队伍建设计划""高校重点平台建设跃升计划""高校重大科研项目培育计划""高等学校创新能力提升计划"等，已经淡化了整体建设重点大学的思路；其二，《广东省中长期教育改革和发展规划纲要（2010—2020）》对高等学校的发展目标也没有提出要建设多所高水平大学，仅仅指出"到2020年，每类高等学校均建成1—2所国内一流、国际先进的高水平学校"。上述亦步亦趋的政策很可能不会缩小广东高等教育与国内高等教育发达地区的差距，更不会给广东高等教育的发展带来质的飞跃，不容忽视的因素是与同类层次省份政策的比较，例如江苏的高水平大学计划以及建设15所全国百强高校的雄心。而且促使产业结构转型升级、保持经济发展优势对人才的需求不会停滞，在广东整体环境对外来人才吸引力开始下滑之际，自主培养高素质人才成为必由之路，高水平大学政策这一剂猛药将会为广东高等教育注入新的活力和动力。然而，在实施高水平大学政策的过程中仍有不少值得关注的问题。

第一，高水平大学的遴选标准缺失。首先，何为综合实力较强？入围高水平大学的最终名单仅仅以政策文本的形式予以发布确认，而对于评审标准和过程却解释不多，很容易误解是政府主管部门决定的，即便入选学校确实都是目前广东省内基础强、社会声誉好的高校，这样的标准显然也是针对大学过去的辉煌历史而设定的。其实，重点建设的大学并不等同于高水平大学，整体建设的7所高校并不是传统意义上属于同一方阵的高校，既有部属“985工程”院校，又有省属“211工程”院校，还有市属综合性大学，所以，整体纳入同一层次建设的决策是否合理有待商榷。如果以省域高水平大学的基调来衡量目前入选的高校成员，不少高校已然成为或者超出了省域高水平大学的范畴，跻身于国家高水平大学的行列。当然，也可以就此认为广东高水平大学是基于属地的高水平大学，而非省域高水平大学，但是这样的政策命名往往会造成误解，也与全国其他各省高水平大学的遴选不一致。我们认为广东省高水平大学应当是区域性高水平大学。

第二，高水平大学建设的目标悖论。就整体建设目标而言，区域性和高水平是广东省高水平大学建设目标的两个核心支点。广东高水平大学着眼于省域的特征明显，强调因省而设和为省服务，肩负引领和推动广东省经济社会发展的重大使命，在人才培养、科学研究、社会服务以及文化传承上直接指向广东省。也就是说，广东高水平大学同时担负了培养高层次创新创业人才、区域发展战略和文化传承创新等重大理论现实问题研究，以及直接解决区域经济社会发展中实际问题的重任。然而，从建设的具体目标来看，2016年3月，教育部向全国推介广东建设高水平大学经验，ESI学科排名的提升、院士等各类人才的引进、教育部国际联合实验室的获批及各类研发机构的建立是高水平大学建设经验推介的重要内容。诚然，ESI学科排名是当前世界范围内普遍用以评价高校国际学术水平及影响力的重要指标，院士则是站在学术金字塔顶端的人才，以诸如此类指标作为广东省高水平大学建设的目标和标准无可厚非。但是，正如美国学者安德鲁·德尔班科（Andrew Delbanco）指出：“在对于一所好大学是怎样的、或者应该是怎样的问题上，大学为其学生做了什么的问题上提供的信息很少”①。为此，高水平大学建设需要回答：在人才培养这个选项上，

① ［美］安德鲁·德尔班科：《大学过去，现在与未来》，范伟译，中信出版社2014年版，第6页。

为广东省区域经济发展带来了哪些“量”和“质”的变化。

第三，高水平大学物质、精神、制度文化建设的统一。广东高水平大学政策带来巨大资金投入确实振奋人心，为高校的师资人才建设提供了雄厚资本，不过令人忧心的是引发新一轮的人才争夺大战。近年来，国内高校为挖人才而产生的恶性争夺战比比皆是，然而，如何使引进人才落地生根并且真正为学校、地方服务，却为政府和高校所忽视。实际上，高水平大学建设决不仅仅是投入更多的资金，兴建更多的大楼，引进更多的人才，而是以大学的精神文化建设为引领，重视大学核心价值、校园文化、学术道德规范的构建，完善以大学章程为核心的现代大学制度。比如，19 世纪的洪堡提倡“学术自由”“教学和科研相结合”的办学理念，为柏林大学注入了新的生命，吸引了无数人才驻足，使其成为现代大学的鼻祖，其成功经验仍可为当前的广东高水平大学建设提供重要启示。

第四，高等教育发展效率与公平之间的关系，具体表现为如何处理高水平大学政策与其他“四重”政策之间的关系。建设高水平大学仍然是围绕学科、人才、平台、科研项目进行，如此肯定会造成几类重点建设项目的内容趋同，导致资源重复投入到入选重点建设的高校。这对未入选的高校来说是不公平的，会挤压和占用这些高校的发展资源和机遇，甚至可能会引致马太效应。有学者就认为，我国的高等教育资源大部分集中在占我国高校总数 3% 的“985 工程”大学，这对承担了几乎所有高等教育大众化任务另外 97% 的高校是不公平的。[①] 毋庸置疑，这是广东必须避免出现的问题，而如何对未入选高水平大学建设的高校提供相应的政策补偿是有关部门需要考虑的，“四重”政策向未入选高水平大学建设的高校适度倾斜，以此作为对这些高校的补偿不失为一种可能的解决办法。还有高水平大学评审的动态性、建设成效评估的科学性等问题，只有统筹兼顾已经出现或是可能将要出现的各种问题，才能使高水平大学政策切实成为区域高等

① 王保华：《高等教育地方化研究——制度与政策视角》，博士学位论文，华中科技大学，2006 年，第 176 页。

教育发展的曙光。

在系统分析省域高水平大学政策之后，我们还可以将其放在更为宏大的改革开放 30 多年社会转型和体制变迁的时空中审视，体察地方政府公共政策所蕴涵的深意。有学者认为，地方政府是富有中国特色市场经济体制的组成部分，即“一个包含了战略性中央政府、竞争性地方政府和竞争性企业系统的三维市场体制”[①] “中国的地方政府与众不同，地方政府作为一个竞争性的经济主体系统，和竞争性企业所构成的主体系统几乎具有同等重要的地位”[②]。以此视角观之，高水平大学政策在很大程度上是竞争性地方政府形成的“路径依赖”在高等教育领域的延续。回首来时路，不难发现地方政府在高等教育地方化进程中举足轻重的作用，高水平大学政策与地方政府主导的 20 世纪 80 年代“新大学运动”、20 世纪 90 年代“新建本科运动”以及 20 世纪末 21 世纪初的“兴建大学城运动”具有内在逻辑延伸关系，是地方政府出于经济社会发展考量的一以贯之的行政作为，也印证了“以提升区域竞争力为依归的高等教育地方化之‘中国模式’逐渐成熟并被世人所认同”[③]。巧合的是，广东地方政府在上述“运动”中一直屹立潮头，率先垂范。值得进一步探讨的是：地方政府为主导的高等教育政策还将持续多久，能够走得多远，政策的价值选择去向何方？当然，这是后续研究的主题。

---

① 史正富：《超常增长：1979—2049 的中国经济》，上海人民出版社 2013 年版，第 2 页。

② 同上书，第 36 页。

③ 刘晖：《中国地方大学发展的回顾与反思——兼议高等教育发展的“中国模式”》，《高等教育研究》2011 年第 2 期。

结语：整合多重发展价值的高等教育政策

发展是人类永恒的主题，人们对发展的认识和探讨永不停止，不过这种认识和探讨一直都是基于其他学科理论基础之上，如新古典主义发展理论、结构功能主义发展理论等。也就是说，发展理论是从别的学科衍生而来，它的每一次进步都必须强烈地依赖其他学科的发展。不过，这也反映了发展理论应用社会科学的学科性质，即它受到其他学科的理论关照以解决社会发展实践中的问题，包括高等教育发展实践中的问题，而高等教育政策旨在直接指导和解决高等教育发展实践中的各种问题。因此发展理论与高等教育政策之间必然会产生交集。“发展理论对高等教育政策的影响”，这里只有两种情形：发展理论对高等教育政策有影响；发展理论对高等教育政策无影响。本研究通过对发展理论逻辑结构的分析认为发展理论对高等教育政策应该是有影响的，最直接的影响表现为发展理论的理论观点和概念话语成为高等教育政策文本的内容和话语。但是更多是间接的影响，即本文的核心观点，高等教育发展价值是发展理论影响高等教育政策的要素。其实，直接的影响也涵盖了对某种高等教育发展价值的选择和认可。

在应用研究中还发现，并不是所有的发展理论都会对高等教育政策产生影响，即前面所提及的“重要的发展理论同时才是政策的框架”，那么怎么理解这种“重要”呢？这是本研究没有涉及的地方，将来可以成为后续研究的方向之一，在此仅作简单的分析。众所周知，理论往往是以学者个人学术成果出现，即所谓的代表人物，发展理论也是如此，但凡对高等教育政策产生影响的发展理论都符合了以下几种特征之一。其一，在一定时期，发展理论的具体内容和方法能够为人们带来符合该时期实际的利益，包括高等教育发展的经济价值、政治价值以及其他各种价值；其二，发展理论学者具备权威性的社会影响力。不难想象，有关发展同样的论述经由不同的学者言说，其社会影响力是不同的，毫无疑问那些学术权威的理论观点才有可能影响到高等教育政策。比如诺贝尔奖获得者、经济学家舒尔茨的人力资本理论对世界各国的高等教育政策都产生了影响；其三，是发展理论学者本身就是政府组织成员或者是服务于政府的人员。比如邓小平既是一位独具慧眼的发展战略家，又是党的第二代领导核心，其发展思想和理论更容易转化为发展政策。再如布莱尔在高等教育领域践行着他“第三条道路”的发展理念，而这一重要的发展理念正是布莱尔身边的智囊团成员——英国著名社会学家安东尼·吉登斯所提出的。与此相反的是一些学院派的发展学者身居象牙塔之中，鲜有参与政府项目的咨询工作，进而无法将自己的发展思想和主张转化为可行的政策。此外，也不是所有高等教育政策都是受发展理论的影响而制定的，实际政策的制定还会受到其他因素的制约和影响，比如国家的文化传统、政治体制等，不过本研究只锁定发展理论的部分。

通过美、英、中三国的考察，可以发现它们的高等教育政策在高等教育发展价值选择上存有相似之处，比如“二战”之后都突出了高等教育发展的政治价值，而有的国家是基于一定的发展理论学说做出的价值选择，美国是受到国家危机论的影响，英国则是受到凯恩斯主义的作用，而中国却没有明确的发展理论学说的指导。其实这里涉及一个古老的哲学问题，即知与行的先后关系，或者说是理论和实践谁为先的问题。从根本上说，实践当然是理论的来源，理论指导实践的发展。但就具体的高等教育政策来看，有时是理论在先，高等教育政策的制定受到了理论的直接影响，而有时却是实践在先，即政策的制定推动了实践的先行，反过来促使和影响理论的形成和发展。美国高等教育大众化政策和实践正是先于理论，马丁·特罗在考察了美国高等教育发展实践后，提出了他的高等教育发展阶段论。中国的高等教育政策在解放初期也是属于后者，出现了无明确发展理论指导下，却和其他国家一样选择了相同的发展价值，根本原因是世界各国面临的背景和形势一致。随着现代高等教育逐渐进入“社会的中心”，高等院校成为社会的“轴心机构”，高等教育发展对于国家和社会的发展变得愈来愈重要，而且高等教育无论是自身的运作，还是服务的对象，都日益复杂和多样，这就使得高等教育发展理论对高等教育发展实践的先导作用愈加彰显。[①] 所以，进入20世纪90年代之后，中国的高等教育政策受到发展理论的作用明显，发展经济学中人力资本理论，发展社会学中的教育发展公平论，高等教育大众化理论都对高等教育政策产生了极大的影响。另一个共同的趋势是高等教育政策对高等教育发展价值选择从突出某一种价值到重视多种价值的局面，而且都离不开经济、政治、质量、公平、效率等价值。这是由于世界各国受到相同的发展理论的作用。比如，20世纪80年代，推崇新自由主义的新右派政府重新在美、英上台，在美国是里根政府，英国则是撒切尔政府，他们都主张高等教育市场化，强调质量、效率、责任等。反映在高等教育政策上，共同之处表现为：强化高校的管理能力，加强了大学与企业的联系，扩大高校自主权，将企业的管理理念带到学校，使之与学校文化融合。[②] 质量、效率等价值在21世纪后的中国高等教育政策中也有所体现，时间上的滞后是由于我国在20世纪80年代的开放程度有限，很多发展理论和思潮并没有及时进入我们的视野。进入20世纪90年代后，发展全球化成为不可逆转的世界潮流，我国也积极主动融入这股浪潮之中。全球化使得世界各国面临的发展问题越来越相似，高等教育发展也在相互影响，世界各国在制定高等教育发展政策所考虑到的价值呈现惊人的一致。正如亨利等人所指出的：“政策的趋同可能并不单单是为了解决相同的问题而进行政策借鉴的结果，更有可能是因为在由国家组成的全球网络中，教育政策的

① 卢晓中：《社会变革视野下高等教育发展理论的创新》，《高等教育研究》2011年第10期。

② Clark, B. R. , “Common Problems and Adaptive Responses in the Universities of the World: Organizing for Change”, *Higher Education Policy*. Vol. 10, 1997, pp. 291 – 295.

制定被超越国家疆界的全球势力所影响”[①]。发展研究的重要性在这样的背景下被凸显，各种发展理论开始走上发展的舞台，呈现分庭对抗之势，没有哪一种发展理论占据主导话语。各种发展理论都积极对高等教育政策施加不同的影响，体现在高等教育政策上就是整合不同的发展价值。另一方面从发展实践来看，高等教育发展的多元化（办学主体多元、投入主体多元、入学主体多元等）使得高等教育政策制定者决不可能只考虑单一的发展价值，“因为保障或保护一种价值必然会涉及到放弃或危害另一种价值”[②]。所以高等教育政策是要平衡高等教育发展的各种价值，在某种程度上实现整合。

① Henry. M, *The OECD, Globalization and Education Policy*, New York: Pergamon, 2001, p. 57.

② 马克·里拉等：《以赛亚·柏林的遗产》，刘擎译，新星出版社 2006 年版，第 70 页。

后　记

本书是在我博士论文《发展理论对高等教育政策的影响研究》基础上完成的。断断续续六七年时间，我将自己对于高等教育发展理论的思考呈现于此。

2012年9月，我如愿以偿进入华南师范大学开始了博士学习的新生活，此时的我如释重负，为能够摆脱烦冗杂乱的行政管理工作而庆幸，同时又为能师从我国著名高等教育学者卢晓中教授而感到自豪。初识卢老师是因他的论文和专著，他自然的文笔却透视着高等教育的大学问，严谨的逻辑思维能力让我们学生私下里感叹和钦佩。在没做博士论文之前，有关做论文的种种艰辛和痛苦都不断地由周围的人向我输送。当然，知不等于行，只有切实的亲身经历才会感受到做论文的辛酸。首先，选题就是一个不小的困难，如何选择一个既有价值又是自己感兴趣的好题有可能是难以兼备的。所以，特别感谢导师在选题上高屋建瓴的点拨，否则我仍有可能在知识的海洋中漫游。在论文的撰写中，长期的专注常常使我感到厌乏，然而家中的巨变却打破了循序渐进的过程，突然我找不着北，终日的惶恐和不安让我停滞不前，衷心感谢卢老师在我人生最艰难的时刻全力的支持、关怀和理解，尤其是他对论文不厌其烦地修改，每次都对论文质量的提升起到重要作用。

非常感谢华南师范大学高教所的几位老师在学术上的指导以及对论文开题所提出的宝贵建议。李盛兵教授的睿智以及发现问题的敏锐眼光，郑文教授的温文尔雅，周丽华教授对教学工作的极大热情，刘志文教授严谨的思维，陈伟教授独特的视角都给我留下了深刻的印象，使我获益良多。同门之间宝贵的情谊也是人生中一笔宝贵的财富，感谢卢勃师兄、汤晓蒙师兄、陈先哲师兄、曹广祥师兄、匡维师姐、李海师兄、邬智师兄、汤小静同学、陈小明师弟、郭康师妹、杜燕锋师妹、于小艳师妹、赵海峰师弟、谢静师妹的对本书各种帮助和关心。

特别要感谢广州大学的刘晖教授，他践行着“全人生指导”的教育理念，在学习、生活、工作等各个方面给予我无私的帮助。本书得以出版受到广州大学“广东省普通高校国际暨港澳台合作创新平台：台湾教育政策研究中心”的资助。

当然，本书的出版离不开中国社会科学出版社冯春凤女士的鼎力支持，对于冯女士的付出，在此谨致谢忱！

最后，感谢我的母亲，对她而言，同处最艰难时期仍然包容着我的任性和脾气。谢谢父亲长久以来的默默支持，“子欲养而亲不在”，愿您在天堂无忧无虑。特别感谢我太太静静的陪伴与支持。

李晶

2018 年秋于广州